好妈妈书架

用更平和、更有效的方式让孩子更自律

好妈妈不吼不叫给孩子立规矩

鲁鹏程 著

机械工业出版社
CHINA MACHINE PRESS

没有规矩，不成方圆。为孩子立规矩一方面能够培养孩子的规则意识，保护孩子不做出格的事情，使孩子更有边界感和安全感；另一方面可以培养孩子的契约意识，让孩子更自律、更自由。本书围绕为什么要给孩子立规矩、立规矩的注意事项和方法展开，引导家长培养出懂道理、守规矩、更自律的好孩子。

图书在版编目（CIP）数据

好妈妈不吼不叫给孩子立规矩/鲁鹏程著.
—北京：机械工业出版社，2017.8（2024.4）
（好妈妈书架）
ISBN 978-7-111-57745-4

Ⅰ.①好… Ⅱ.①鲁… Ⅲ.①家庭教育-教育方法 Ⅳ.①G78

中国版本图书馆CIP数据核字（2017）第196376号

机械工业出版社（北京市百万庄大街22号 邮政编码100037）
策划编辑：刘文蕾 陈 伟 责任编辑：张清宇
责任校对：王 欣 封面设计：吕凤英
责任印制：单爱军
北京虎彩文化传播有限公司印刷
2024年4月第1版·第9次印刷
169mm×239mm·12.5印张·1插页·150千字
标准书号：ISBN 978-7-111-57745-4
定价：59.80元

电话服务 网络服务
客服电话：010-88361066 机 工 官 网：www.cmpbook.com
　　　　　010-88379833 机 工 官 博：weibo.com/cmp1952
　　　　　010-68326294 金 书 网：www.golden-book.com
封底无防伪标均为盗版 机工教育服务网：www.cmpedu.com

前 言

今天的孩子好像越来越难管，越来越难教，而很多妈妈也越来越无奈。面对淘气、"不听话"的孩子，妈妈应该怎么办？纵容？忍耐？视而不见？发脾气？大吼大叫？又打又骂？这些处理方式都不太妥当。因为不管是"冷处理"，还是"热处理"，效果都只是暂时的。

很多时候，做妈妈的都会想当然地认为孩子"应该"知道什么，"应该"怎样做。可事实上并不是这样，孩子很可能看不清"时局"，而一旦看到后却又不知所措，不知如何是好。比如，妈妈因为孩子做了一件不该做的事情而生气，但并没有"发作"，而是在那里"憋着"，脸色很难看，希望孩子能看得到，可遗憾的是，孩子并不能感觉到妈妈是在生他的气；再如，因为工作的事情而不顺心，妈妈回到家后一脸的不高兴，但她自己并没有觉察出来，反而孩子却能看得到，于是他就会变得"小心翼翼"，因为他觉得是自己哪里做得不好而惹着了妈妈……可见，孩子并不会如妈妈想象的那样，"应该"知道什么，"应该"去怎样做。所以，这时就需要明确地告知孩子，他应该怎样做，也就是给他立一些规矩。

立规矩，就是非常明白清楚地告诉孩子什么是可以做的，什么是不可以做的。该做的一定要做好，不该做的一定不要去做。立规矩的目的有四个：第一，让孩子有边界感，从而更有安全感；第二，可以减少孩子的问题行为；第三，培养孩子养成良好的习惯；第四，让孩子有成就感，因为他对自己有了约束力和自控力。

立规矩，无论是对于孩子还是妈妈，都是非常有益的。因为规矩订立后都非常清楚明了，到时直接执行这些规定就好了，而不是在事情发生时再由孩子或妈妈的情绪来决定怎么做。

总体来说，在跟孩子立规矩时，应注意把握几点原则：

第一，立规矩要有针对性。规矩是针对孩子的某种或多种不妥的行为而订立的，所以要综合考虑孩子已经出现的和可能会出现的各种问题，有针对性地去订立非常具体的规矩，而不是随意地、想当然地、泛泛地立规矩。

第二，规矩要有可操作性。比如，孩子不睡觉，那就要订立规矩——"几点睡""睡前应做的准备工作，如洗澡、刷牙、保持安静、在规定的时间上床、准时熄灯""第二天几点起床"，等等，这些都是可量化、可操作的。

第三，规矩应保证客观性。所谓客观性，有两层含义：一是所订立的规矩要符合孩子的实际情况，孩子要能够做得到；二是要有人能够监督，如由父母、老师或是其他监护人来监督孩子践行规矩的情况，并做出客观的评价。

第四，规矩应该长期有效。长期的规矩而不是临时的规矩，会增进亲子间的信任感，同时也会让孩子意识到妈妈是说到做到的，这样孩子才更愿意去遵守规矩。只有把订立的规矩坚持认真地落实下去，规矩才能真正显现出好效果。

有了这几点原则，规矩的订立就会有章可循，执行起来也会轻松、有效很多。

当然，并不是订立了规矩后，孩子就会立刻"变乖"，就会完全地去遵守。孩子可能还是会因为种种原因而不能遵守规矩。对此，妈妈首先要学会克制自己，要做到心态平和，对孩子不吼不叫，不强求孩子去遵守，而是适当简单地提醒一下，然后平静地走开，从而避免爆发一场"家庭大战"。还有，就是对孩子尽量少用负面评价，因为对他的负面评价多了,他也就"皮"了,认为"负面"才是正常的,严重的话还会导致孩子"破罐破摔"。

当然,可以对孩子有适度的"惩戒"。比如,可以把"暂停时间"当成惩戒孩子的一种措施,让他待在一个安静的空间里,而且那里要没有娱乐活动才可以。另外,这种惩戒应该是及时的、不拖拉的,因为较快地实施惩戒会让孩子更容易将不守规矩与后果联系起来,从而更能将注意力集中到"受教育"这件事上。在实施惩戒措施时,应该保持中立,而且在语气上要带有同情感,以免孩子对此有抵触心理。

要是孩子非常遵守规矩呢?可以适当奖励。每个孩子各不相同,所以奖励方式也应该是各式各样的。不过,有一样奖励是大多数孩子所乐见的,那就是妈妈跟他一起玩耍。对于年龄较小的孩子来说,他喜欢谁不喜欢谁的标准很简单,那就是这个人会不会陪他玩儿。会陪他玩儿,他就喜欢;不会陪他玩儿,他就不喜欢。有研究也表明,几乎所有的孩子都因为可以跟妈妈一起玩耍而受到很大的激励,即使是很短的几分钟,也会让他们向往不已。既然如此,妈妈又怎么能吝啬自己的付出呢?跟孩子一起玩耍吧,一起做做游戏,一起读读书,安静地跟他待一会儿,甚至可以跟他来一次"枕头大战"……还有,应该抓住机会对孩子进行描述性奖励——表扬,让他更有成就感,这样孩子就会更明白,原来守规矩不仅会让自身成长,也会获得他人的尊重与赏识。

有一点需要注意,就是对孩子的奖励,最好不是金钱和物质,甚至不要拿糖果奖励。否则,很可能会亲手培养出一个金钱与物质欲望极强的孩子,他做任何事都会衡量自己会得到怎样的"甜头",没有"甜头",对不起,他就不干了。从小就这样会"算计"、有"心计",长大了还了得?可见,奖励孩子也是有"艺术"的,一定要把握好。

总之,妈妈要尽一切可能让孩子去守规矩。

当孩子自自然然、心平气和地遵守规矩，把规矩内容都执行好的时候，他当然会很快乐，自然也会感觉很幸福。无论是对于孩子还是对于妈妈来说，立规矩、守规矩都是一件非常令人心安的事，会让人有安全感。身心轻乐安稳即是一种幸福。所以说，好妈妈不吼不叫管教孩子，给他立规矩是一门幸福的教养课。

鲁鹏程

目 录

前言
开篇语：立志做一个不吼不叫的好妈妈/ 001

上篇 不吼不叫给孩子立规矩是对他最大的尊重

第一章 给孩子立规矩前，认识孩子的独立性/ 007

1. 认识孩子独立性的发展，并顺应这种发展 / 007
2. 了解孩子的性格，性格会影响孩子的独立性/ 009
3. 引导"慢热型""激进型"的孩子独立/ 010
4. 孩子是独立的个体，并不是我们的附属品/ 013

第二章 给孩子立规矩前，知道他到底需要什么/ 016

1. 认可——孩子需要他人的认同与肯定/ 016
2. 关注——孩子需要他人关注的目光/ 018
3. 呵护——孩子需要妈妈精心地爱护/ 021
4. 陪伴——孩子需要妈妈用心地陪伴/ 023
5. 信任——孩子需要妈妈对他有足够的信任感/ 027
6. 知情权——孩子需要知道点实情或内情/ 029
7. 安全感——孩子需要让自己感到安全/ 032

第三章　给孩子立规矩前，要有的几点准备 / 035

1. 给孩子立规矩，不是"叫"他去做什么 / 035
2. 关于孩子，我们必须提前弄清三件事 / 037
3. 妈妈先让自己在"规矩"里成长 / 038
4. 评估孩子和自己的实际情况，并做出计划 / 041
5. 请孩子参与到立规矩的过程中来 / 043
6. 把规矩有效地贯彻下去，可以稍作调整 / 046

第四章　给孩子立规矩时，孩子为什么会抵触 / 049

1. 明明跟孩子立好了规矩，可他就是不遵守 / 049
2. 给孩子立规矩，对他的期望值应该合理 / 053
3. 了解孩子的情绪反应过程，理解孩子的抵触行为 / 054
4. 反思自己的情绪反应：冲动易怒还是沉着冷静 / 056

中篇　用立规矩的方式培养孩子的契约意识

第五章　给孩子立规矩，这样教他管好自己 / 061

1. 教孩子学会正确地吃饭 / 061
2. 教孩子学会自己睡觉 / 064
3. 引导孩子主动去洗澡 / 067
4. 帮助孩子自主控制大小便 / 069
5. 教孩子自己叠衣服、整理房间 / 073
6. 引导孩子把用过的东西放回原处 / 075
7. 培养自制力，对孩子适度延迟满足 / 077

第六章　用规矩教孩子学会尊重，不要唯我独尊 / 081

1. 先要尊重孩子：进房间要敲门，动他的东西要征得同意 / 081
2. 不要因为"我是妈妈"就凌驾于孩子之上，不粗暴、不专制 / 084
3. 尊重孩子的成长规律，要懂得"慢养"孩子 / 086
4. 学会倾听孩子，他在表达自己时不要试图去打断他 / 089
5. 尊重也要掌握一定的原则，灵活切勿死板 / 092
6. 5个规矩教会孩子尊重他人，让他好好与人相处 / 094

第七章　正确解读孩子的行为，跟他有个约定 / 097

1. 顶嘴——这真的是孩子挑衅父母的行为吗 / 097
2. 冲动——孩子大发脾气其实也没有什么大不了的 / 100
3. 攻击——咬人、打人、踢人……发现背后的原因 / 102
4. 诅咒——骂人、说脏话……可能他正处在敏感期 / 104
5. 撒娇——正确解读，并接受孩子的这种行为 / 106

下篇　不吼不叫给孩子立规矩，也要讲究技巧

第八章　给孩子立规矩，就要放手让他自己走 / 113

1. 让孩子自己承担过失，给他一点小惩罚 / 113
2. 允许孩子犯错，以后不再犯同一种错 / 116
3. 对孩子保护不要过度，干涉不要过多，要求不要过分 / 118
4. 不剥夺孩子体验失败的机会 / 120
5. 对"笨手笨脚"的孩子，要忍住不去帮忙 / 123
6. 给孩子自主做事的机会，让他自己去安排 / 126
7. 不要打扰孩子自娱自乐，不要总是陪他一起玩儿 / 128

8. 切忌告诉孩子"你应该……""你不应该……"/ 130

第九章 给孩子立规矩，要"自由与规矩并行"/ 133

1. 给孩子自由发展的空间，但自由要适度/ 133
2. 允许孩子自由探索，引导和鼓励他的探索行为/ 135
3. 别让拆坏的东西扼杀孩子的探索欲/ 138
4. 给孩子立规矩，要让他心悦诚服、心甘情愿/ 140
5. 给孩子立规矩，要考虑到他的能力/ 143
6. 孩子如果不守规矩，妈妈一定要保持冷静/ 144
7. 不要对孩子唠唠叨叨，喋喋不休/ 146
8. 不要给孩子"清理战场"，让他自己来负责/ 148
9. 教孩子学习餐桌礼仪，懂用餐规矩/ 149

第十章 孩子需要规矩，也需要"强势"的管教/ 153

1. 用"积极"的管教取代"消极"的管教/ 153
2. 要敢于拒绝孩子的不合理要求/ 155
3. 骂孩子并不是管教，只是发泄情绪/ 158
4. 对孩子爱在左管教在右，到底能不能"惩戒"/ 160
5. 不要对孩子说"最后一次警告你！"/ 162
6. 不要让怒气控制我们，要学会掌控情绪/ 164
7. 纠正孩子的行为偏差，不要以为"树大自然直"/ 166
8. 对孩子少点无效的命令，多点实际的指导/ 168

第十一章 给孩子立规矩，表扬与批评一个都不能少/ 171

1. 孩子有很多优点，期待你去发现/ 171
2. 表扬要具体充分，注意语气，切忌"上瘾"/ 174
3. 批评时，看着孩子的眼睛，语言简短/ 176

4. 批评的是孩子的行为而不是他的人格／177

5. 说明批评孩子的理由，让他知道为什么挨批评／179

6. 把"不能做……"改为"要这样做……"／180

7. 批评孩子时的主语是"我"而不是"你"／182

8. 批评孩子时，一定不要"翻旧账"／184

开篇语：立志做一个不吼不叫的好妈妈

看到周围很多年轻妈妈都对自己的孩子大吼大叫，我为这些年轻妈妈的做法感到担心，因为她们不知道自己的一次吼叫，很可能会让幼小的孩子产生心理阴影，会使他变得心灵脆弱，甚至让他在长大后还会因为年幼时的心理阴影而难以有好的人生发展和前程。

这不是危言耸听！

对于孩子来说，妈妈对他进行理智的、没有情绪的教育，他是很容易接受的；而对他大吼大叫，甚至大打出手，他会从内心逆反，甚至会反抗这种所谓的"教育"行为。

当然，他也不会认真去改正自己的过失。所以说，妈妈语气温和，讲道理，效果要比吼叫强很多倍。

我告诉大家一句心法——看孩子不顺眼，是我们的修养不够。

我们看到的都是结果，原因在哪里？要去找原因。就像中医治病，那是要找最根本原因的，找到病根才能开方子，教育孩子也是这样。一旦妈妈找到了孩子各种"不好"的最根本的原因，可能就不会吼叫了。

比如，孩子不爱学习。这是我遇到的妈妈提的最多的问题。

怎么办？其实很简单，我对这个问题发过一条微博——"在孩子面前，最好是戒网，尤其是戒掉手机网，最好连电视也关了，你会发现，你的心变净了，再捧起本好书，你的心变得丰盈了，孩子也变得爱学习了，也不用催促了。坚持一段时间下来，你会发现，你不仅没有失去什么，反而获得了很多，自己、孩子、爱人、家庭都受益了。你赚大了，恭喜你！"

就是这么简单的事，就看我们成人真干不真干了。当我们自己都没有求知欲的时候，都没有主动去看书学习的时候，孩子想学习都找不到榜样呀！妈妈好好学习，孩子才会天天向上。妈妈不学习，天天对孩子大吼大叫，孩子能信服吗？

立规矩也是一样的道理，当做妈妈的不去遵守规矩，只要求孩子去遵守，他怎么能情愿呢？要求孩子做到的自己要先做到。

我们自己都做不好，怎么好意思跟孩子吼叫；我们自己做好了，就根本不会跟孩子吼叫。

吼叫是坏榜样，孩子也会学着对他人吼叫。情绪会传染，情绪失控的妈妈往往会教出情绪化的孩子！

对孩子，我们不要理直气壮，而要理直气平、理直气和，要平和、和平。有理，也要心平气和地说，要"平"、要"和"，才会让孩子从内心里感觉舒服。有理不在声高。

掌控情绪，才能掌控未来。这个掌控情绪是掌控自己的情绪，而掌控未来却可以是自己的未来和孩子的未来。

今天很多妈妈与孩子之间产生矛盾的根本原因就是对立，就是妈妈不了解孩子，还特别想控制孩子。如果想化解这个问题，就需要妈妈做对、做正自己，如此才能感化孩子，正所谓"正己化人"。还要去爱孩子，去接纳他，去跟他做心灵的沟通与连接。

古人讲，教儿教女先教己。所以，要想教育好孩子，就先教育自己吧！而教育自己的前提是不断地学习，就是去改变自己，只有自己改变了，孩子才会跟着改变。

我们跟孩子是一体的，只有不断进行自我教育、自我成长，提升自己的修养、胸怀和智慧，才能给孩子最好的引领、影响和培养。

但也不要高看自己而小瞧孩子。有时候，孩子是我们的老师，因为"童心通神"，他在用天性看世界并影响周围的人，具有一定高度的智慧，而我们成人却在很大程度上受后天习性的影响，习惯定势思维，智慧反而可能不如孩子多。所以，我们也应该低下身段向孩子学习。

十年树木，百年树人，教育是用生命来影响生命，不能急于求成。要想让孩子拥有伟大的生命，妈妈自己要先有伟大的生命，先给自己的内心种上孝悌忠信、礼义廉耻、仁爱和平的种子才行，如此才能把这些种子播撒在孩子心中。要善于从中国传统文化中汲取营养和力量，这就要求妈妈多在立自己的品格上下功夫，要跟孩子一起"读圣贤书，立君子品，做有德人"，如此才能真正培养出对家庭家族、社会国家有用的人才。

金山银山不如孩子这座"宝山"，只有把孩子教育好了，这座"宝山"才算被我们开发出来。所以，要把教育孩子当作自己的事业来做，孩子教好了，也是整个家族的福分。

希望普天之下所有的妈妈都能心平气和，都能做到"不吼不叫"，都能尽全力把孩子培养好，为自己的家庭，为社会国家培养优秀的"接班人"。

祝福您，祝福您的孩子！

上篇

不吼不叫给孩子立规矩是对他最大的尊重

　　没有规矩,不成方圆。孩子是需要规矩的,因为一个没有规矩的孩子是很难有教养的,而没有教养对于孩子来说简直是一种灾难。事实上,孩子在内心也是需要规矩的,只有遵守规矩,他的内心才会有安全感。有时候,看似是孩子在挑战妈妈的底线,实际上是他想以此方式来推动妈妈给他立规矩。从某种程度上来说,立规矩是对孩子最大的尊重。当他有了规矩可以遵循时,他就会对自己进行约束,就会逐渐养成独立的性格,也就有了对的"道"可以行,就会踏对人生的脚步,就会拥有幸福的人生。所以,给孩子立规矩吧!当然,立规矩时,妈妈要做到不吼不叫。理性给孩子立规矩,他才会更认同,才会更愿意遵守。

第一章
给孩子立规矩前，认识孩子的独立性

规矩一定是要给孩子立的，而孩子也一定是要遵守规矩的。但是在跟孩子立规矩之前，做妈妈的应该先来认识一下孩子的独立性。独立性会影响到孩子能不能很好地凭借自己的意志去遵守规矩，所以妈妈需要详细了解孩子独立性的发展情况。

1. 认识孩子独立性的发展，并顺应这种发展

孩子的独立性并非与生俱来，但会随着他的成长而逐渐建立并显现出来。比如，当孩子处于婴儿期时，他对成人几乎是完全依赖的，因为此时的他除了吃喝拉撒的本能，基本不具备任何其他能力，如果离开成人的帮助，他几乎什么都不能做。

我们在帮助婴儿的时候，他虽然还不能言说，但会进行"记录"，他的眼睛会追寻我们的言行，并把这些都印刻在大脑中。随着他的成长，他记录的东西会越来越多。而一旦他有机会脱离我们，不论他是不是真的想要做些什么，他的独立性都会立刻萌发，而他记录下来的那些言行举止，也就会在

任何一个机会下被他无意识地做出来——模仿他人。如果他能有这样的表现，就意味着他的独立性正在进一步发展。

再进一步通俗地表述就是：孩子处于婴儿期时什么都做不了，但随着时间推移，他就会逐渐开始自己坐着，自己玩，自己爬，自己站起来迈步，自己想要跑；接着他不会再那么迷恋我们的怀抱，开始自己四处搜索，自己翻开书页，自己打开柜门，找自己想要的东西；然后，当他再长大，他就开始渴望更大的自由。而自由带给他的不仅是对自我的掌控，也会让他在这种掌控中逐渐体验到一种幸福感。

作为妈妈，我们要顺应孩子独立性的发展，而不是人为地去阻止它。比如，经常能看到这样的景象：孩子自己想要打开盒子，但是周围的成人却会直接判定他能力不足，于是便拿过他手里的东西帮他打开了；孩子想要自己穿衣服，可是成人却不顾及他的哭闹，直接就给他套上衣服，然后就接着做自己想做的事情了。就算是孩子再长大一些，我们似乎也依然会拒绝他的某些独立发展。比如，不允许他到厨房去帮忙做饭，更不用说放手让他自己去做饭；不放心他和朋友一起爬山游玩、逛街购物，等等。

从成人的角度来说，阻拦他做某些事情，是因为担心他可能会遭遇到一些危险或者觉得他能力不够；但是从孩子的角度来说，成人的阻拦只会让他觉得自己受到了约束，他会觉得委屈，甚至会有一种挫败感。可是一段时间后，他就会慢慢习惯这种感觉，变得不再要求独立去做任何事。

一旦发展到这个地步，不要认为孩子变得听话了，这其实只是他变懒了。于是，孩子的独立性发展就这样在不知不觉中被扼杀了。缺乏独立性的孩子，遇事无主见，处处想要求帮助，一个人的时候可能什么都做不了……这是孩子要承担的后果，也是家长不得不面对的残酷现实。

说了这么多，归根到底就是想要表达一个主题，那就是不要轻易阻碍孩子独立性的发展，要顺其自然，要给他自主发展与成长的机会。

2. 了解孩子的性格，性格会影响孩子的独立性

性格是人的一种个性心理特征，表现为人们对现实与周围世界的态度。一个人的性格，将会影响他的行为。对于孩子来说，性格将会影响他独立性的发展，而独立性又是孩子遵守规矩的重要条件。所以，给孩子立规矩，要考虑到孩子的性格。

大体来说，人的性格可以被分为外向型与内向型两种，也可以被看作是"激进型"与"慢热型"。当然，这样的区分并不是特别严谨与准确，但大体可以帮我们更好地理解性格。

一般来说，外向型的性格会让人在各方面都表现得比较"豪爽"，遇事也不会想得太多，或者说在各方面都会表现得要更大胆一些；而内向型的性格则会让人习惯性地生活在自己的世界里，遇事也会想得更多一些，可能有些事会放不开手脚去做。

孩子大概也是如此，不同性格的孩子，其独立愿望与能力也是不同的。

比如，外向型的孩子，对世界的好奇心会格外旺盛，于是他的探索意愿就会更强烈一些。他可能会大胆地想要做任何他感兴趣或让他感到好奇的事，从最简单的自己穿衣服、穿鞋，到整理自己的玩具、背包，再到其他各种事，他都可能想要尝试一番。而且，这样的孩子对失败似乎也能很快适应，他不会纠结于一次的失败，反而可能会不断地继续尝试。

而相反地，如果是内向型的孩子，他也许会顾虑很多，在做事的时候会畏首畏尾，尤其是遇到需要他独自处理问题的时候，他会有种孤独感，可能会想要去向父母求助，可能想要赶紧脱离这种孤独感。这样的孩子如果遇到了失败，那么他遭受的打击可能是巨大的，他会更加不敢再做任何事，可能会停步不前。在走向独立这件事上，他也可能会表现出抗拒。

可见，要培养孩子的独立性，应该先发现并确定孩子的性格，对不同性格的孩子，使用的培养方法也要有所区别。比如，对外向型的孩子，就可以多放手让他做一些事情，但也要注意他的具体表现，因为虽然他外向，但那也许并不是其真正独立的表现，所以还需要我们帮他细细打磨；而对于内向型的孩子，就要更加用心一些，要让他具备足够的安全感，这样他才能主动去学着自己独立。

3. 引导"慢热型""激进型"的孩子独立

外向型（大多属激进型）的孩子和内向型（大多属慢热型）的孩子在个体性格上的表现是有差异的，所以要正确引导这两种性格迥异的孩子，让他们最终都能学会独立，从而为给他们立规矩以及使他们遵守规矩奠定基础。

先来看"慢热型"。就像前面说的，"慢热型"的孩子，其性格大多比较内向，在某些方面不会很直接地表达自己。而在接受事物方面，他也会表现得不那么顺畅。"慢热型"的孩子对自己的小世界很看重，只有在他熟悉的环境里，他才可能会放开胆子去做一些事。这样的孩子大都是敏感的，一丁点的失败和一丁点的嘲讽，带给他的伤害都可能会很大。

所以，对于"慢热型"的孩子，我们的引导要以"柔"为主。

第一，要理解孩子的慢热性格。

孩子总是躲在我们身边，让他做什么，他都会显得太过小心，如果没有父母家人在场，他的孤立无援感立刻会被无限放大……

我们要理解孩子的这种性格，接纳他的种种表现。越是这样的孩子，其内心越是敏感脆弱，我们的任何表现反应都会被他看在眼里、记在心上，尤其是我们的负面情绪，更会让他牢记在心，并且因此感觉自己受到了伤害。

孩子"慢热"，可以说是他天生的性格，那么我们干脆顺其自然，别急着催,不说类似"恨铁不成钢"等过激的话,更不要挖苦他、讽刺他,而是顺着他的性格去表达我们的意图,他会因为被理解而产生信心,从而更愿意去尝试一些新东西。

第二,别用我们的急性子去应对孩子的慢性子。

看到孩子内向或者有慢热表现,有的妈妈会非常着急。尽管理解,但是言语间还是会不自觉地带出一些强迫甚至是有些责备的意思。

有个7岁的男孩对自己单独出门这件事很排斥。有一次妈妈忙不开,需要他帮着去楼下的小超市买一袋盐,但男孩就是不敢自己出门。妈妈着急了,忍不住吼道:"你就那么胆小?真是没出息!"结果,男孩就更不敢自己出门了。

身为妈妈,看到孩子如此表现,着急的心情可以理解,但是不应该太过直接地将这样的心情表达出来。如果着急,我们不妨自己先去做,等平静下来之后,再去不断鼓励孩子独立迈出步子。

第三,要让孩子感受到我们的鼓励与支持。

对于"慢热型"的孩子,妈妈的鼓励与支持会让他更相信自己。因为这样的孩子每迈出一步都会非常小心,尤其是对于第一步,他会显得更加谨慎。所以,要对他有信心,支持他的每一次尝试。

以前面提到的那个让男孩单独去小超市的例子来说,妈妈完全可以这样表达:"我知道你有些担心自己去面对陌生的人群,不过我觉得你只要走进去,待一会儿就能适应那些人了。我会看着你走出去的,而且我会在楼上一直看着你走进超市,别担心,我相信你一定能办到。"

另外,每当孩子独立完成一件事时,我们也可以肯定、夸赞他的成功,用成功的喜悦来增加他的自信心。

针对"慢热型"的孩子，以后所立的规矩也要符合他的独立性特点。比如，对他不能太严厉，不能太着急，所立的规矩内容最好要"柔和"一些；可以给他一定的缓冲时间，不要将内容定得太过决绝；即使是惩罚也要掌握好度，鼓励与表扬最好能多一些。

说完了"慢热型"的孩子，再来看看"激进型"的孩子。引导这种类型的孩子独立，就可以采取一些"较硬"的方法。

第一，提醒孩子我们对他的期望。

"激进型"的孩子虽然会表现得很大胆，但实际上他可能只是在顺从自己的喜好去做某些事，而这样的行为还算不上是具有独立性的行为。所以，可以告诉他我们对他的期望是什么，期望他去做哪些具有独立性的事，这样他可能就会按照我们所期望的去实现某种独立性。

比如，全家准备去公园，孩子可能会有自己的游玩计划。那么在到达目的地前，就可以这样告诉他："我希望你能说说自己的游玩计划，也许我们会按照你说的去度过这一天，如果你要改变计划，也希望你首先通知我。"这样的期望会让孩子考虑他自己的行为意向，这会促使他进行思考，而这种思考就为他的独立打下了基础。

第二，给孩子立下切实可行的规矩。

"激进型"的孩子对于规矩的态度可能会出人意料得好。这样的孩子其实会比较在意他人的要求，如果我们的期望与要求是合理的，而且也是他乐于执行的，这就会让他更有安全感。而参照规矩行动，会让孩子对独立行为有一种独特的体会。

举例来说，当孩子不得不需要自己在家里待半天的时候，我们可以告诉他："按照之前定好的半天计划去执行，如果没有很好地执行，那么第二天的游乐园之行就取消；如果回来后发现你严格执行了预定的计划，那么游乐园我们去定了。"

这样的规矩看得见、摸得着，孩子会不自觉地对自己进行约束，不知不觉间，他的独立性、自控力也就得到了发展。

第三，提防孩子过分自作主张。

不管怎么说，"激进型"的孩子终归是活泼的，他很可能在我们还没注意的情况下就擅自行动了。而这种擅自行动，可能就是我们所不允许的，也可能会造成我们并不想看到的后果。

所以，假如孩子太过自作主张，可以先提醒他，但不要吓唬他；或者如果他自作主张地要去做什么，我们也可以先看看他行为的目的，如果真的出现了不算好的后果（当然是在可承受的范围内，如果预见会出现较严重的不良后果，那当然要事先制止），就可以趁势提醒他，让他明白太过自我很容易出问题，让他最好提前通知我们他到底要做什么。

与"慢热型"的孩子相反，若是要和"激进型"的孩子立规矩，最好采取较为直接的方式。规矩一定要切实可行，同时言语也要直接明了一些，不模糊表述，多用"一定""必须"这样的字眼，从而更能约束住"激进型"孩子那活跃的心。

4. 孩子是独立的个体，并不是我们的附属品

孩子是一个独立的个体，这一点毋庸置疑。所以，在生活中妈妈也要把孩子当成一个独立的个体去看待，当然爱他也要建立在尊重他的个体属性之上，如此，孩子才会成为真正的自己。对妈妈来说，这不仅是一个建议，更是一种告诫。

在一些妈妈那里，孩子只是她们的附属物，高兴了便"招之即来"，不高兴了随手就能"挥之而去"，完全不讲原则。在这些妈妈眼里，孩子的想

法不重要，重要的是他能不能听话，对自己的安排他是不是能完全遵从。这样的妈妈不仅要干好自己的工作、顾好整个家庭，同时还要顾着孩子的一切，小到他穿什么衣服，大到他要走怎样的人生道路，都会替孩子考虑周全。之所以会这样做，很大一部分原因是她们认为：孩子的生命都是我给的，他当然就是属于我的。而且，他一开始什么都不会，自然是需要我来帮他，就算他逐渐长大，他也有不懂的地方，也一样要依靠我。而正是这样的想法，导致这些妈妈误以为这样孩子就会幸福，而自己也会省心，认为只要孩子能按照她安排好的路去走，那么他就会一切顺利。但是，最终的结果真的能如妈妈所愿吗？

每年大学新生开学季，各类媒体总会出现类似的新闻报道：××大学新生，父母全程陪护报到；××大学大一新生，因无法适应集体生活向父母诉苦，父母请求学校允许孩子在外租房居住；妈妈或爸爸为更好地照顾刚上大学的孩子，辞职在学校附近租房陪读……

而与这样的报道相"呼应"的还有：

某名牌大学毕业生，因自理能力差，无法适应工作环境；某些成年人已近而立之年却依然赖在家里"啃老"度日，丝毫没有外出工作养家的自觉；更有某些人，视父母的养育为理所当然，甚至还有人说出"你生了我，就得养我"这样的浑话……

在最开始，做妈妈的会觉得自己的付出是值得的，为了孩子我们心甘情愿。而且，妈妈是从成年人的角度去思考的，觉得什么都不懂的孩子就该听从大人的指挥，这是理所当然的事。但很显然，孩子并不听话，他一开始就会因为我们干涉太多而反抗，表现出不想听从我们的指挥，或者和我们顶嘴，或者干脆就对着干，从这时开始，我们就觉得孩子不体谅妈妈了。再接着，他好不容易不反抗了，可我们又会发现，他已经牢牢地躺在了我们身上，甚至一动都不动，就单纯依靠我们的辛苦工作来维持他的生活。而到这时，我们则又开始抱怨，孩子为什么依旧不体谅我们，他已经应该自食其力了，怎么还是要靠我们辛苦养着他呢？

其实导致整个局面最直接的原因，就是我们将孩子看成了自己的附属品。

任何一个孩子都只属于他自己，他需要有自己的思想、人格、尊严，需要有自己为自己规划的人生之路，同时也需要依靠自己的努力去走上他想要走的道路。而这一切，都是我们所不能主宰的，也是不能随便干预的。

所以，我们应该将"做明智的妈妈"当成是自己奋斗的目标，而明智的妈妈就要尊重孩子的独立性。比如，要多倾听孩子，多询问孩子，给他说话的机会，给他表达思想的空间，对于他说出来的意见或建议，要合理采纳；如果带他去做客，或者在家中见客，都不要把他排除出去，正式地向客人介绍一下，而且最好说全名，这样的尊重感会让孩子更好地认同自己；尊重孩子的人格，不要随便说他闹过的笑话、糗事，更不要将他的短处、缺点或他不愿意让别人知道的"有伤他自尊"的事当成是谈笑的资本……

将孩子看成是一个独立个体，这样给他立规矩时，他才会"平等"地认可、接受规矩，从而自动自发地约束自己，培养强大的自控力。相反，如果以一种看待附属品的眼光去看待孩子，那么所立的各种规矩在他看来就无疑会变成束缚他自由的枷锁，我们的"不放手"，再加上"规矩的枷锁"，孩子又怎么可能愿意主动去遵守规矩呢？

第二章
给孩子立规矩前，知道他到底需要什么

虽然身为孩子的妈妈，但很多时候我们并不清楚孩子的需求是什么。如果对孩子的内心需求不了解，那立规矩这件事可能就不会太顺利，或者给孩子立的规矩是我们想当然的产物，而不是建立在对孩子真正有益的基础上的。所以，立规矩前，要知道孩子的需要。

1. 认可——孩子需要他人的认同与肯定

通常情况下，我们若要认可某个人，可能会对他的能力进行一个基本的判断，如果觉得他满足了我们内心的条件，才会认可他这个人，也才会肯定他的一些表现。但是显然，一些妈妈似乎并不愿意将这种"认可"用在孩子身上。

在有的妈妈看来，孩子本身就是一个"极弱"的存在，不管他怎么表现，他缺乏能力这个事实都是无法改变的。所以，按照她们内心的那个标准，通常很难完全认同孩子。

除了不能认可他的能力，对于他的缺点、错误以及可能存在的各种问题，都会抱有一种担忧。哪怕是孩子比别人家的孩子晚会爬了两天，都会觉得这个孩子有问题，对他也就更加没有认同感。

想想看，一个得不到父母认同的孩子，总是生活在一种被质疑、被担忧的环境中，就算他有再好的生活条件，可他内心那种满足感却总也无法得到满足，他会快乐吗？当然不会！

从妈妈的角度来看，虽然望子成龙的心情可以理解，但孩子终究是优缺点都有的。如果我们只是放大他的缺点，却漠视他的优点，这对他是不是也不公平呢？而从孩子的角度来看，妈妈这种不认同，对他来说就是一种伤害了，这无疑就是在阻碍他幸福感的建立。若是我们再在这个基础上非要跟他立一些规矩，要求他必须完成什么，必须实现什么，完全不幸福、没有快乐可言的孩子会心甘情愿去遵守这些规矩吗？答案显然是不可能。

不管怎样，来自妈妈的认可都是最能让孩子感到心安的动力。只要有了妈妈的认可，即便遇到困难，他也会努力克服；即便遇到问题，也能很快地解决。在孩子看来，妈妈的认可就是对他的鼓励，就是对他的爱，在这份爱的包容下，他会觉得无比安心。

而显然，认可也是立规矩不可或缺的前提之一。因为只有认可了孩子，孩子才会得到满足，他对所立的规矩才不会排斥，当然所立的规矩也更符合他的需要。如果根本就不认可孩子，就会出现各种"嫌弃"他的可能，连带着各种音调的吼叫，那样给他立的规矩可能就会带着某种不满甚至是怨气，当然就不适合孩子。要么太过严格苛刻，根本无法执行；要么太过宽松，跟没立规矩没什么区别。而且，如果不认可孩子，他也就不愿意遵守那些规矩，他的反抗就会越发明显。

所以，对于孩子，我们应该用一种宽容的眼光去看待。

对于他的优点，不管大小，不管是不是很出众，只要是他有好的表现，就都值得肯定，能夸奖的就要夸奖。尤其是对于那些他以前没有，但是经过学习或者是模仿突然表现出来的好的行为，我们更是要通过鼓励、夸奖等，来加深他的印象和认同感，从而促使他有更多良好的表现。但要注意的是，夸奖要有度，不可过；夸多了，夸过了，可能会让孩子吃大亏，会害了他。所以，不可不谨慎。

对于他的能力，能表现出来的好的能力要肯定，即使表现不出来也不要失望。要相信孩子，肯定他的潜能，肯定他想要努力的意愿。要更多肯定他做事的过程，至于那个结果，反倒不要看得太过重要。当妈妈对孩子的行为结果不患得患失时，孩子反而更能放开手脚，让自己的能力发挥到极致，从而取得好成绩。

对于他的错误，包容一些对待。"人非圣贤，孰能无过"，成长中的孩子不可能不犯错，如果每个错误都不可原谅的话，孩子会变得茫然不知所措，可能会导致他不知道该怎么做或做什么。当孩子犯了错误，一方面不要帮他掩饰错误，另一方面也要避免呵斥吼叫他，而是要想办法引导他去改正，"过而能改，善莫大焉"。还有一点，对的规矩反而能帮孩子少犯错误，所以不妨以孩子的错误为契机，给他立一条合适的规矩。

2. 关注——孩子需要他人关注的目光

关注，就是要用眼睛去看某人某事，用心、用实际行动去对待某人某事。很多人都会渴望得到这种被关注的感觉，想象一下，成为他人目光的焦点，享受他人更多的关心爱护，每个人的内心是不是都会有一种满满的幸福感呢？若是我们有这样的感觉，那么孩子也会有，而且他对这样的感觉还会更加渴望。

生活中经常有这样一种情景：孩子会将自己的任何一个发现、任何一种举动都大声喊出来，以吸引我们的注意。这便是一种"求关注"的心理。而他也更希望能多和我们在一起，若是我们的目光能多在他身上停留，他就会感到非常开心。

相反，假如我们只顾着忙自己的，孩子就会产生一种被忽略感，而被忽略的他可能就会想尽一切办法，希望能再次引起我们的注意。这时，也许他就会显得闹一些，比如，他会大喊大叫，也会不断地打断我们正在做的事情；有的孩子还会大哭，用不断捣乱、闯祸来将我们的视线拉向他。而此时，我们常常会觉得孩子有些无理取闹，于是可能会训斥他，对他大吼大叫，还可能继续采取无视的态度，表现激烈的还会对他施以惩罚。甚至有的妈妈会借此机会拿出类似所谓的"保持安静"的规矩来，想要以此约束住孩子的这种"胡闹"。

这样的"规矩"是无效的，起不到好的效果。要知道，孩子需要的是关注，我们的关注会让他也注意到自己的表现，而规矩也应该基于关注之上，这样他自然会明白规矩与他的行为表现之间的关系，这也能帮他更好地理解所立规矩的内容与意图，从而在更好地表现自己的同时，实现对规矩的遵守。

其实仔细想想，孩子某些时候的"胡闹"有恶意吗？当然没有！他需要的只是我们的关注而已，而这个要求并不难满足。而前面那些做法，不但没有满足孩子的要求，反而还让他体会到了规矩的残酷与不讲情理，日后他对规矩的感觉一定不会好，而他所期待的那种幸福感也就随之烟消云散了。这样的情形恐怕也不会是我们所乐见的吧？所以，不要总是从自己的角度去考虑，孩子的需求是我们不能也不该小视的。

所以，面对孩子那渴求的目光，我们也应该做些什么了。

第一，对于孩子"求关注"的心理给予积极的回应。

发现了一朵以前没见过的花，看见了一队在搬东西的小蚂蚁，踩出了一大片水花儿，自己在脑袋上做出了一个"新发型"……孩子身上可能会出现各种各样的事情，他的发现、他的行为，都会成为让他感到快乐的源泉。同时，他也更希望我们能与他一起分享他的快乐，于是他就会喊"妈妈，快看"或者"爸爸，看呀"。

面对孩子这种"求关注"的心理，有的父母可能只会"嗯"一声，或者简单地瞟一眼，然后就依旧自顾自了，还有甚者，可能会不识趣地冲孩子大吼大叫！千万别这样！孩子那么期待我们和他一起感受快乐，我们的积极回应才符合他当时的那种快乐的基调。

此时，要把身体转过来，眼睛看着孩子所说的东西，或者看着孩子，认真听他说，认真看他的"表演"，给他一些回应。比如，趁势问他一个问题，或者点评一下，给他一个微笑、点头，或者回以各种恰当的肢体语言……这些及时的回应，都能满足孩子的受关注感，同时我们也很能分享到他的快乐。

第二，最好主动去关注孩子。

主动关注是一种很好的接近孩子的办法。

"你在做什么？"妈妈问。

孩子抬起满脸油彩的脸说："在给玩具小汽车换衣服。"

"哦？不错嘛！"妈妈很感兴趣地说，"能给我说说为什么要这么做吗？"

孩子一边忙着手里的一边说："他们的衣服有些旧了，我想给他们换新的，但是又脱不下来，那就直接穿新的好了。"

"呵呵呵……"妈妈笑出了声，"介意我加入吗？"

"妈妈只能是我的助手。"孩子指了指一旁的一堆颜料瓶说。

这位妈妈的表现是值得借鉴的，她从孩子正在做的事情开始入手，逐渐拉近与孩子的距离。虽然孩子自始至终都很忙的样子，但从他愿意与妈妈一起分享快乐这一点来说，他正在享受妈妈的关注。而且，妈妈的夸奖也让他感受到了肯定，所以他的感受应该会更好。

我们不如也试试这种主动关注的做法。大多数时候，孩子会很乐意与我们分享他的快乐，当然，如果他在搞什么小秘密，我们也要"顺从"他一下，保守他的秘密对他也是一种尊重。

第三，一定要告诉孩子我们爱他。

当孩子觉得我们对他关注不够时，他已经觉得有些缺爱了。所以一定要告诉孩子，我们爱他，而且非常爱他。但如果没有高质量地陪伴他，他没有感受到这份爱时，我们应该跟他解释，要用通俗易懂的语言跟他解释为什么有时候我们没法更长时间地陪着他，以得到他的谅解。当然，也要答应他的一些合理要求，在陪着他的时候，要积极地听他说，认真地看他做，或者开心地投入到他所希望的游戏中，而且不要那么意味明显地教他一些东西，这样我们和他都会感到开心。规矩就应该是双方开开心心地立下的，而不是一方大吼大叫地强势订立、一方哭哭啼啼地弱势遵守。

3. 呵护——孩子需要妈妈精心地爱护

所有妈妈都希望孩子能明白自己对他的爱，但是具体该怎么做呢？这一点，并不是所有的妈妈都很清楚的。

比如，有的妈妈觉得严厉就是爱，因为孩子正在成长，严格要求才能让他学到更多东西，才能让他更独立，以后也才会成才。于是，这样的妈妈就可能会用一些很严苛的规矩去约束孩子，并提醒他一定要严格执行，假如没有执行，那么等待他的就会是各种惩罚。

又如，有的妈妈觉得要掏心窝子地去爱孩子，无微不至、嘘寒问暖、尽自己所能才能让孩子更好地感受到爱。这样的妈妈对立规矩这件事持有一种模糊的态度，一方面规矩立得很宽松，而当孩子连这种宽松的规矩也没有遵守时,她也会睁一只眼闭一只眼,以为这是宽容,也以为这就是爱。

前一种妈妈的做法,孩子其实体会不到那么深刻的爱,他感受到的只是妈妈对他的严苛,他会觉得很受约束,那些规矩也会让他感到很难遵守。久而久之,这样的孩子可能会对规矩很排斥,不愿意去遵守;他也许会变得沉默寡言,一副爱怎样就怎样的样子;或者变得无比叛逆,就跟妈妈对着干上了。就算是他在妈妈的严格要求下暂时取得了一点成绩,但他始终感受不到爱,当这种愤懑积压到一定程度后,其心灵可能也会发生扭曲。

而后一种妈妈的做法,则是将爱变成了溺爱,孩子会慢慢被这份爱吞没,正所谓"爱之不以道,适所以害之也"。而在这种情况下立的规矩,可能就会变得一文不值,因为在孩子看来,反正不管怎样妈妈都爱他,他已经习惯性地无视这份爱了,连爱都如此廉价,规矩又有什么价值呢?这样的孩子以后还会对妈妈提出更高、更无理的要求,而且也很难去顾及妈妈的感受。

这也就是说,我们给孩子的爱,不足和超量,都会让他对爱的感觉产生偏差。要说起来,也许他最需要的,应该是我们对他在细微之处上的表现,也就是对他的精心呵护。精心呵护与溺爱不同,前者是充满理性与智慧的,而后者则是感性与想当然的。所谓精心,就是要爱得细致且恰到好处,有温情,同时也要有严肃,爱和规矩可以同时进行,这样孩子才不会出现"被爱感觉失衡"。

事实上,精心呵护也是我们与孩子立规矩的前提条件之一。有了我们的精心呵护,孩子自然也会感受到这份浓浓的爱意,从而不再排斥立规矩这件事,而且也更容易体会到规矩可能带给他的帮助,从而更乐于遵守规矩。所以,跟孩子立规矩也需要把握好爱的分寸。

从最简单的动作来说,如果我们能微笑地注视着孩子,那么他会觉得自己受到关注,他的表现也许就会变得更好。假如在不打扰他的情况下能再多一些动作，比如，轻抚一下他的头发、衣服，或者握住他伸过来的手，这会让他感到更加温馨。其实这样的动作都很简单，也不用刻意去做，自然地表露出来，在孩子的感觉里，这就是爱。

当然，孩子还需要我们更温和亲切的语言。说话不要太快，慢一些，吐字要清楚，即便是有要求或者是要孩子改正什么，也不要太过严厉，尤其是不要大吼大叫，一定要杜绝漫骂的字眼。有时候，孩子可能并不需要我们说什么，也许他只是要安静地依偎一会儿，那么这时我们可以等着他开口，假如他不开口，那就安静地和他在一起坐一坐。

此时我们也要注意他的情绪，如果他表情很平静，我们就没必要多说什么了；但是如果他很沮丧，或者已经开始表现出负面情绪，那么我们就可以多问几句。不要一上来就训斥他的坏脾气或者哭泣，给他一些发泄的时间，然后再仔细询问原因，并帮他排解情绪。

有时候孩子表现得和我们不是那么亲密，我们也不要太过担忧，他可能只是想要一个人静一静罢了。这时我们也要意识到他内心的需求，给他一个自我的空间，只要能保证他的基本安全与健康，就不必太过干涉他做了什么。

至于说规矩，在爱的前提下立的规矩，里面也同样包含着我们对他成长的细微呵护。而有了爱做基础，孩子也会更乐于、更努力去遵守规矩。

4. 陪伴——孩子需要妈妈用心地陪伴

无论是关注还是呵护，其实用一句话来总结就是，孩子最需要的是妈妈的陪伴。跟前面一样，陪伴孩子也是给他立规矩的一个重要前提条件。

因为有了我们的用心陪伴，孩子对所立规矩的感觉才会是"这是妈妈在关心我"，否则他就会觉得"妈妈是在借助自己的身份和规矩来压制我"。更重要的是，我们只有用心陪伴了孩子，才能发现需要在哪些方面给他立规矩，这样立出来的规矩才是最符合孩子实际情况的，也是最能让孩子受益的。

所以，和孩子立规矩之前，我们一定不能忽视他对"陪伴"的那种深深的渴望。

说到陪伴，有一些妈妈会觉得很无奈，有一些妈妈则会觉得没那么必要。

觉得无奈的妈妈，可能是因为自己工作繁忙，实在无暇顾及孩子。权衡一下，如果每天只陪着孩子什么都不干，一家大小的衣食住行便成了问题；但是如果去工作，虽然不一定总是能陪在孩子身边，但是还有家人可以代劳，比如说自己的父母、公公婆婆，而自己也能在下班后和节假日抽出时间来陪孩子，如此一来似乎做到了两不误，但还是有些许的无奈。

而觉得没那么必要的妈妈，则是有另一种看法。她们会认为孩子不能太娇惯，每个人都有自己的事情，怎么能总是陪着他一起耗时间呢？孩子必须要学会独立，而且也要学会不给其他人造成困扰。而且更重要的是，年轻妈妈大多很忙，工作生活一样都不能耽误，她们认为陪孩子还有的是时间，也不急于这一时，先让家庭生活稳定了，以后什么都好说。

不能经常陪伴孩子的妈妈如果给孩子立了某些规矩，孩子可能会感觉比较委屈，甚至有被不公平对待的感觉。因为规矩的细节内容很有可能全都是从妈妈的角度来考虑的，孩子感受到的只是"束缚""被控制""没自由""不能自主"等。

没有妈妈的陪伴，若是再加上这些在孩子看来是"强人所难"的规矩，他的幸福感瞬间降到零也就不是什么不可能的事了。而如此一来，在孩子身上就可能发生比较严重的问题。

2012年10月，重庆市梁平县一名10岁半的男孩跟着表姐来到了医院。

医生检查后发现,这个男孩只有1.20米高,骨龄只相当于五六岁的孩子,如果不及时进行治疗矫正,他的身高生长将会停滞。

经过询问,医生排除了遗传、疾病、营养这三大因素对身高可能造成的影响。疑惑中,医生发现了一个现象,这个男孩很少开口,在问到其父母家人的时候,他竟然流泪了。原来,男孩的父母一直在外打工,每年只有春节能回一次家,男孩和姐姐一直都跟着奶奶生活。根据这一点,医生初步确诊,男孩是患上了心理性矮小症,他不长个儿是长期得不到父母正常的关爱所致。

乍一听这样的新闻有些骇人,不过是父母没有长时间陪伴,孩子竟然不长个儿了。其实现代医学表明,人的情绪的确会对大脑和内分泌系统功能产生影响。假如孩子因为缺少父母的陪伴与关爱,长期处于焦虑、抑郁等不快乐的情绪中,他的睡眠、饮食都会受到影响,从而导致其分泌人体生长激素的脑垂体受到抑制,生长激素的分泌量自然就会减少,使发育也受到影响,临床上将其称为"心理性矮小症"。

没有妈妈的陪伴,是孩子没有幸福感的重要原因之一。虽然这个长不高的例子算是个案,但缺少陪伴的孩子终归会有各种心理问题,还可能会出现意外状况,这样的生活显然不能给他想要的幸福。所以,我们应该用心陪伴孩子,不仅让他吃饱穿暖,身体得到成长,也要让他心灵得到满足,精神上保持愉悦。以下几点建议可供参考:

第一,陪伴要专心且用心。

有的妈妈虽然表面看是在陪着孩子,但实际上,孩子在那里自己玩自己的,妈妈却在忙着自己手中的事情,有的在工作,有的在做家务,有的就算无所事事,也只是手里拿着手机不停地玩,丝毫没有顾及孩子。

不专心陪伴其实和没有陪伴没什么太大区别,孩子一样感受不到温暖。所以,要陪伴孩子,就要先暂时放下我们手里的事情。如果有没做完的工作,那就暂时先放一放，过一会儿再做；如果实在是眼下紧急的，就要安慰孩子稍等一会儿，然后赶紧将事情做完。总之，和孩子在一起的时候，我们的眼中最好只有孩子，心里也最好只想着孩子，其他的都先放在一边。我们陪伴得专心致志，孩子自然也会感受到这份温情，他才能产生情感上的满足感。

第二，不要将陪伴变成监督。

陪伴应该是一种自然状态，孩子轻松，我们也轻松，孩子在享受，我们也可以和他一起享受。但是，总有妈妈会把这种自然状态擅自变成一种紧张状态。原本是陪伴孩子，但是一旦发现问题，就立刻指点出来，要么训斥吼叫，要么催促他改正，甚至开始"长篇大论"地教训、数落他，"上纲上线"；或者是立马现场单方面立一个严苛的规矩，要求孩子必须马上遵守。本来是好好的陪伴，到最后却变成了监督甚至是"有罪推定"后的"过堂审问"。

所以，陪伴孩子就要放轻松，孩子干什么，我们可以观察，也可以加入，不要给他压力，也不要居高临下对其指指点点，他不需要这个，让他自由地做一些自己想做的事就可以了。

第三，特殊情况下也别忘记陪伴。

出差、两地分居等情况，都有可能使一些父母无法长时间陪伴孩子，但越是这个时候就越不能以此为借口逃避陪伴孩子的责任。其实这时可以采取一些"非常手段"。

比如，如果身在外地，可以利用手机视频、发短信、打电话，或上网用聊天工具、电子邮件和孩子联系。如果孩子较小，可以多和陪在孩子身边的人联系，然后再趁机和孩子有所交流。

尤其是爸爸，在很多家庭中，爸爸可能会是经常出差的那一个，所以爸爸更要掌握这些远程联系的"技能"，方便与孩子进行更多的联系。因为孩子不仅需要妈妈的陪伴，也需要爸爸的陪伴。当然，如果父母双方都出了远门,也可以采用这种"远程联系"方式,但这终究不能替代亲身陪伴在身边而让孩子感觉到的温暖。

5. 信任——孩子需要妈妈对他有足够的信任感

给孩子立规矩,还有一个基础,就是彼此信任,既需要孩子信任妈妈,也需要妈妈信任孩子,如此,规矩才会立得顺利,也才会得以有效执行。否则,任何一方不信任另一方,都可能会让规矩内容变成"一纸空文"。我们要信任孩子,相信他有遵守规矩的意愿与能力;而孩子则要信任我们,相信我们的确是想要通过立规矩来帮他更好地成长。

两相对比,我们对孩子的信任似乎更重要一些,这份信任几乎可以左右规矩的执行。说起信任,可能很多孩子又会觉得有些难过了。因为这是一种他很渴望从我们这里得到的东西,但也是很难甚至是无法获得的东西——很多妈妈并不信任孩子。

比如,有的妈妈觉得孩子能力不足,缺乏经验,很多表现不那么令人满意。而且,大多数妈妈对"童言"都抱有一种听听就算了的玩笑态度,她们并不觉得孩子的言论或思想有什么可取之处,只会认为他是在异想天开,或者是满口幼稚的话语。

做妈妈的如此自以为是,那对孩子的信任程度真是低到不能再低了。于是,我们便根据自己的判断,拒绝让孩子做更多的事情,对他提出的任何建议都不感兴趣,很多事情能不对他说就不说。我们看孩子时眼中充满怀疑的目光,孩子的内心自然也会恐慌,这样他哪里还有精力去体会生活的幸福?而我们不相信孩子却还非要给他立很多规矩,孩子怎么会有兴趣去主动积极地遵守这些规矩呢?

但是冷静下来想一想,孩子真的如此不值得信任吗?当然不是。

孩子可以凭借自己的能力学会该学的知识,而且很多时候他还能无师自通,领悟到我们完全还没有告诉过他的知识;对于我们交代的事情,孩子也会认认真真地去做,而且很多情况下他的完成情况是很好的;有些事情,比如,我们换了工作、家中发生了变故等,如果我们如实地告诉孩子,他一样能很好地配合我们去适应新的生活,反倒是我们一直瞒着他,要是哪天不小心让他发现了真相,才会让我们感到头疼。

说到信任,我们还是要回归到一个最基础的话题,那就是我们是不是能将孩子看成是一个独立的个体?是不是能尊重他这个独立的个体?

在日常生活中,怎样体现这个"尊重"呢?

第一,确定事实,不随便怀疑孩子。

孩子在看动画片,妈妈之前和他说好只看一集,但是半个多小时过去了,妈妈发现孩子还在看。

妈妈问孩子:"你确定是在看同一集吗?"

孩子很肯定地回答:"是的。"

又是10分钟过去了,妈妈发现孩子依然在看。

妈妈虽然疑惑但也生气了,便对孩子说:"妈妈不喜欢撒谎的孩子!你真的只是在看同一集吗?"

孩子委屈极了:"真的是同一集。"

后来,妈妈仔细观察了一下孩子看的动画片,原来是一个剧场版,时长80分钟,而在孩子的概念里,不管多长,只要没有看见片尾,当然就是一集。

其实生活中我们对孩子的很多怀疑大多来自于这种"自以为是",我们按照自己的理解认为某些事情是怎样的,便以此判定事实就是如此,殊不知正因为缺乏调查,才让我们对孩子产生了不该有的怀疑。

所以,对于很多事情,该多了解一下事实到底是怎样的,了解得越多,也就越不容易随便怀疑孩子。

第二，和孩子说话注意语气与态度。

了解事实也是有一定要求的，千万别对孩子进行"有罪推定"。法律上的有罪推定，是指未经司法机关依法判决有罪，对刑事诉讼过程中的被追诉人推定其为实际犯罪人。而通俗一些来说，就是直接在心底认定某人就是罪犯，然后再去寻找他真的是罪犯的证据。

在教育孩子的过程中，一定不要一开始就怀疑孩子有问题，否则这种从一开始就表现出来的不信任感势必会伤到孩子，轻者让他委屈不已，重者可能导致他的反抗，有时候甚至会使他故意说谎来表达内心的不满。

即便是要询问，也要用中立的态度，别直接问"你是不是"，尽管看似疑问，但疑问的背后已经是倾向于肯定的怀疑了，并且是几乎不容孩子辩解的。这显然不妥。所以，询问，就应该心平气和、平心静气地问清事实真相到底是怎样的，这样就能从一个相对比较客观的角度去认识孩子的问题，从而避免不必要的怀疑。

第三，对孩子的能力有基本的判断。

这一点其实一直是我们反复强调的内容，也是信任孩子的一个最主要表现。除了要认清楚某些事情的事实，对于孩子的能力也要有一个基本的判断，只要是在他这个年龄段或者以他的学习能力已经掌握的能力，就要有所认可，相关事宜就要放心交给他去办。别怕他出错，哪怕真的出了错，也可能只是他缺乏经验或考虑不周罢了。我们越是信任他，他的表现可能会越好。

6. 知情权——孩子需要知道点实情或内情

身为妈妈，我们都希望孩子能快乐成长，能幸福生活，希望他每天除了学习与玩耍，其他什么都不用想。有些事情我们可能并不会主动告诉孩子，一来说了他也不会明白，二来他知道了也没有能力去解决，所以我们认为有些事只要成年人知道就够了，没必要通知孩子。

但是，作为一个独立的个体，孩子是有知情权的，而作为整个家庭中的一员，孩子也该知道家中到底都发生了哪些事。

关于这一点，我们不妨换位思考一下。想想看，孩子也生活在家庭中，但是他却并不知道家里发生了什么，如果是好事还好，他只要尽情享受好事所带来的结果就足够了，这倒是可以算作一个惊喜，孩子感受到的是快乐；但假如是坏事，比如父母离婚，比如孩子熟悉的亲人过世，或者其他一些较大的家庭变故，孩子如果依然什么都不知道，那么最终他将要承担的就是一个突如其来的打击，而这样的打击孩子常常难以接受。

而且，家庭中的某些规矩，也可能会涉及家中的事。比如，要求孩子不能随便打扰父母谈话，那么他可能就会问了，"为什么不能打扰？""爸爸妈妈到底在干什么？"有的妈妈认为，夫妻间商量家里大事，没必要告诉孩子，但是他的好奇心可能就会促使他不断地来"探索"，他也许会偷听，也许会不停地问，结果谈话反倒受到了影响。如果我们强硬地要求孩子必须遵守规矩，却不告诉他原因，那么他的内心也会出现反抗。

由此可见，给孩子立规矩，也同样需要让他了解一些家庭实情或内情，也就是要保证他的知情权。知情权会让他明白某项规矩是在怎样的一种情况下立出来的，也让他明白他为什么要为了适应那种情况而遵守这个规矩，这会让他对规矩的内容有更充分的理解，从而不至于只顾着自己的情绪而忽视规矩甚至是排斥、反抗规矩。

至于说我们认为孩子对某些事情不能接受，其实是我们想得太多了，孩子的承受能力没有那么脆弱，只要不是突然性的打击，只要平时我们一点一点地让他知道家里都发生了什么事，那么很多事他也是完全可以承受的。

所以，不要把家里的事都捂得那么严实，适当地也透露给孩子一些，这样既满足了他的好奇心，也增加了他的家庭归属感，还能使他获得一种受重视的感觉。从整体来说，这其实是在帮助我们的家庭生活变得更加和谐。

具体来说，又该怎样去做呢？不妨试试这些方法：

第一，用通俗易懂的话语向孩子讲述家里的事情。

对孩子提及家中的事情时使用的语言，和成年人之间使用的语言应该有所差别。不可否认，孩子的理解能力是有限的，所以可以将事情简化一下，不要用太深奥的词语。

比如，要告诉年幼的孩子全家可能在未来几个月内随爸爸工作的调动而搬迁，就可以这样说："爸爸要去另一个城市工作了，所以我们要跟着他一起去另一个城市住。"尽量不使用"调动""搬迁"这些年幼孩子还难以理解的词语，简单易懂才好。

当然，孩子还会不停地询问各种问题，比如，为什么要换工作，为什么要走，等等，我们同样也要用他能听得懂的话语给他解释。

第二，可以分阶段告诉孩子事情的全部过程。

虽然是要告诉孩子实情，但同样要考虑他能接纳的量。尤其是一些比较重大的事情，有时候不要一次性都说完，而是采取分阶段说明到底发生了什么事。而且，只要说出孩子能理解的内容就足够了，如果他没有多问，就不要多说，等到他问的时候再进行解答。

第三，根据实际情况选择是否要向孩子隐瞒事实。

孩子知情权的范围，应该包括家庭的各项事务，但是有些事情还是不要直接告诉他，可以根据实际情况来选择是不是要向他隐瞒某些事实。比如，孩子喜欢的某位亲人得了重病，在最开始可以不用那么着急地告诉他。等他想起那位亲人时，可以委婉地告知他最近这位亲人身体不舒服不方便打扰，如果孩子能接受这个事实，其他的暂时也不用多说。

第四，嘱咐孩子，不要四处宣扬家中的私事。

虽然让孩子了解家中事务的实情是好事，但是有的孩子习惯口无遮拦，可能不经意间就会将家中的事情四处说给别人听。家事也算是一个家庭的隐私，并不适合讲给外人听，所以在尊重孩子知情权的同时，也要多提醒他几句，不要随便对外人说起家里的事情。尤其是涉及家庭经济状况以及家庭成员组成等极为隐私的话题，一定要守口如瓶。

在这里要特别提一下，关于家庭经济情况的话题，我们可以和孩子提起，但是不要将太过精确的数字和盘托出，特别是密码之类的东西一定不要轻易就讲给孩子听。

7. 安全感——孩子需要让自己感到安全

不安全感，是孩子与生俱来的一种感受。原本在母体中，他什么都不用操心，吃喝睡觉甚至是玩耍，他都在一个相对安全的环境里。但是，一旦出生，孩子就要面临一个完全陌生的世界，外界的种种对他来说都好像是危险的，所以他会非常没有安全感。

身为妈妈的我们，是帮孩子消除这种不安全感的重要的"避难所"。我们要让他安心地成长，否则不安全感将可能让他时刻处于恐惧之中，这种精神状态将会影响他生长激素的释放，从而阻碍他的成长。

而且，缺乏安全感的孩子对做任何事都是没有多大兴趣的，不管我们要求他做什么，他都可能不敢上前。因为他的内心总是处于一种不安定的状态，他小小的精神世界里几乎分不出空间来让他有足够的专注力去做别的事情。

感受不到安全的情况下，幸福感更是无从说起。而且，这样的状态也会让他对所谓的规矩视而不见，因为他会更加专注于自己是不是够安全。如果某些规矩让他觉得自己那本就薄弱的安全感受到了威胁，他会果断地选择抛弃规矩而去寻求安全。

可见，安全感也是孩子不可或缺的需求之一，也是我们与他立规矩的另一个必要前提条件。安全感会让孩子感到安心，他不会分出多余的心思去考虑其他问题，这时再给他立任何规矩，他就会将全部心思都放在规矩的内容上。而在安心的状态下，他也会更认真地去对待规矩，这将有助于他对规矩的理解与遵守。

不过，就现实情况来看，有些妈妈满足孩子这个需求的情况似乎并不那么令人满意。

比如，有时候我们一疏忽，可能就会出现孩子自己一个人待着的情况，越是小的孩子对这种情况越是感到恐惧。

一位妈妈就讲了她小时候的一件事：

我四五岁的时候，爸爸在外当兵，家里只有妈妈照看着我。当时家里住的是筒子楼，一层楼的人共用一个水房。

有一天晚上，妈妈早早哄我睡觉了，她去了水房洗衣服。睡到一半我醒了，屋里没有妈妈的身影，碰巧那天还停了电，整个屋子黑漆漆的，只有桌子上点的一个小小的蜡烛在一闪一闪。那种恐怖的景象让我一下子大哭了起来，还以为妈妈不要我了。

我哭了好久，妈妈才回来，看见我哭，劳累的妈妈有些不高兴，嘴上不住地说"这有什么可哭的"。

这件事给我留下了深刻的印象，直到现在，我都会对停电点蜡烛的房间有一种莫名的恐惧感。所以，我一定不会让我的孩子产生这种不安全的感觉。

故事里讲到的这位母亲也许的确累了，但是孩子在那种情况下的不安全感才是让她恐惧并大哭的直接原因，这与孩子是不是能体谅母亲的辛苦没有太大的联系，因为她只不过是在以"释放"的形式缓解自己的情绪罢了。

这便提醒我们，不要只从自己的感觉出发，不要觉得孩子对安全感的需求很无聊，要体谅他在某些情况下需要获得保护的渴望。

第一，照看孩子远离一切危险。

保证孩子最基本的人身安全，是让他具有安全感的最基本条件。在家中，要保证让孩子远离一切不安全因素。比如，收好家中的电线、插线板，必要时使用防儿童触摸的保护装置；把家中尖锐的剪子、刀子等物品妥善收好，最好放在他够不到的地方；清洁剂、洗衣粉等有毒物品也要收好放在他够不到的地方，尤其是不要装在饮料瓶或者食品罐这样容易引起他误会的装置中；年龄小的孩子洗澡、上厕所的时候要有人陪伴，不要将孩子单独留在房间里。

第二，向孩子展示我们的强大。

孩子对我们其实也有一个确认的过程，他要确认我们是不是够强大，是不是足以给他带来安全感。所以，我们要清楚地让他知道我们的能力。

平时，要多积累知识，这样不管遇到什么问题，都可能通过这些知识找到解决的方法；也要勤动手，表现出自己对这个世界的了解，让孩子看到我们可以做很多事，也可以帮他解决很多问题。

另外，也要学着控制自己的恐惧，不要一遇到问题就抓狂，更不要在孩子面前表现得手足无措。我们要有自信，要给孩子树立一个自信、坚强的妈妈形象。

第三，在孩子害怕时给他勇气。

为了生活，可能我们的确很累，但是孩子的害怕却也同样是不可忽视的情绪。所以要调适自己的情绪，在孩子害怕的时候别抱怨他胆小，而是要给他以勇气，多安慰他，鼓励他勇敢一些，帮他认识一些自然现象，帮他消除内心产生的一些恐惧感。

第三章
给孩子立规矩，要有的几点准备

与孩子立规矩并不只是口头约束，也不只是随便、直接列出几点要求就算了。在立规矩前，我们还要有充足的准备，要尽可能有周全的考虑，这样才能避免这些规矩出现漏洞，以免孩子钻空子，从而使规矩能更好地在我们和孩子间发挥作用，更有利于孩子的成长。

1. 给孩子立规矩，不是"叫"他去做什么

面对孩子时，很多妈妈会习惯性地"高孩子一等"，她们习惯于使用命令式的口气，总是不断地"让"孩子做各种事，或者不断地"叫"他完成什么样的吩咐。如果是立规矩，这样的妈妈估计可以列出一大堆的要求，但这种所谓的规矩其实只是在对孩子下指令。

孩子对这样的"指令性规矩"也不会有什么好感，因为这就相当于在被强迫做事。他内心并不情愿，却又不能有太大反抗；即便再不愿意，也只能忍受妈妈的命令。但是，孩子以这样的心情去做事，很难获得快乐和幸福感，也很难一直保持理智，做出出格行为的可能性也就大大增加了。

比如，妈妈定下了一个"放学回家必须先写作业"的"规矩"，其实从孩子的角度来看，这就是给他下的一道"命令"，命令已经定好了他放学回家后的第一件事，且不容违背。关于这个"规矩"，孩子可能做不到，也许他想回家后先歇一会儿，吃点东西喝点水，然后再写作业。但是妈妈定的"规矩"却让他无法按照自己的意愿去做，他不得不委屈自己。一旦这种委屈积压过了头，他可能就会故意表现得不乖，那么这个"规矩"最终可能就形同虚设了。

从我们的角度来说，可能还会认为这是孩子不听话，毕竟给他的要求看上去应该没有问题，身为学生不是就该回家立刻写作业吗？身为学生不是就该学习紧张一些吗？我们也是为了他好，这个"规矩"他本来就该主动遵守。虽然动机是好的，为孩子着想的心意也无可厚非，但是我们对待这个"规矩"的态度出问题了。什么是立规矩？立规矩至少需要两个人彼此达成共识，双方同意后再去实施。而我们这种"叫孩子去做××事"的表现，明显就将立规矩的本质变成了单方面的命令。

孩子也是一个独立的个体，尤其是当他具备自己独立的思想后。对于一件事情，孩子也会有自己的考虑，也可能会有自己更适合的安排。所以我们的这种命令，显然只能让他产生难以忍受的被束缚感。

鉴于此，我们需要从源头重新认识一下"规矩"，搞清楚立规矩的基本原则。暂时先放下自己的"权威"身份，要多站在孩子的角度去思考，体会他的心情；或者想想我们在孩子这个年龄时，期待过什么、希望获得怎样的支持与引导。如此一来，也许我们就不会将立规矩看成是自己下命令的另一种手段了。

其实真正的立规矩，应该是要帮着孩子去架构他自己的生活，让他能对自己的行为产生思考，从而学会为自己负责。

2. 关于孩子，我们必须提前弄清三件事

当弄清楚立规矩并不是对孩子下命令之后，就要想想规矩怎样才能更适合孩子。也就是说，立规矩之前，要先弄清楚关于孩子的几个事实。

第一，孩子绝对不会是一个完美的个体。

没人是完美的，孩子更不可能是完美的。在成长道路上，他一定会犯各种各样的错误，如果仔细找的话，几乎可以将他犯的错一一记录下来。相信每一天，他都可能会出各种各样的状况。

尽管这一点毋庸置疑，但很多妈妈却宁愿相信这只是谬论。在她们心中，"孩子当然只有自家的好"这样的想法根深蒂固，认为孩子如果出了问题，都是一时的，所以才需要妈妈去帮他纠正，帮他擦去那个瑕疵。不仅如此，有的妈妈还会自己给自己戴上遮目镜，选择性地无视孩子的某些问题。要么说他故意不学好，要么说学校老师没有讲，要么就干脆说是某些外部因素造成的。

我们这样做并不是在维护孩子的利益，孩子也没有因此而变得更好。无论是强迫他必须抹掉问题，或者是装作看不见他的问题，都只不过是让我们自己感觉更好过一点罢了。其实还是应该坦诚一些，承认孩子的不完美，才能让他一步步变得更好。

第二，别被某些问题的表象蒙蔽了双眼。

有一个成语叫"眼见为实"，但有些情况下，眼见的也不一定为实，因为有些问题可能只是表面看上去是那个样子，但事实却可能是另外一种样子。孩子的某些行为和态度，便可能需要我们挖开表象看到真相。

比如，孩子总是打人，表面上来看，他似乎是有暴力倾向，但事实也许并不是这样的。如果仔细询问或者观察，也许会发现他可能只是不知道该怎

么表达自己的情绪，或者是他想引起别人对他的关注，或者是他正处于动作（打人）敏感期，等等。

所以不要只因为孩子打人就训斥他，然后只要孩子住手了这件事就算完了，其实这事还没完，只有挖掘到孩子这种行为的真正原因，才能做到彻底的对症下药。

第三，"长大以后就好了"是一个谬论。

面对孩子的某些行为或态度，可能很多妈妈都听说过或者自己干脆就说过这句话："长大后就好了。"虽然说时间的确能改变一些事情，随着成长，孩子也的确能学到更多，也可能的确有所改变，但是，时间真的不是万能良药。

想想看，我们周围的成年人，是不是依然有很多从孩童时期就"保留"下来的恶习？比如拖拉、耍无赖、撒谎。这些人的确随着时间的推移而身体成长了，可他们在某些事情上依然像个孩子一样，甚至有很多成年人不愿意去工作，而靠"啃老"过活。

只能说，时间不是治病的药，只是治病的环境，充其量只能算作治病的基本条件之一。我们需要在这个环境下给孩子提供解决的方案，或者帮他寻找解决的办法，也就是需要给他再额外用药，他才有康复的可能。

这三个事实是不容忽视的，因为这会帮助我们更客观地看待自己的孩子。而且，有了这三个事实，我们在日后和孩子立规矩时，就不会只从自我感觉出发，而是能更多地考虑到孩子了。

3. 妈妈先让自己在"规矩"里成长

和孩子立规矩，表面看是要给他一些约束，让他能有更好的表现。但实际上，这个规矩对于我们来说也是具有一定的约束效力的。妈妈跟孩子是一体的，跟孩子是一个"命运共同体"，需要自我教育，自我成长，提升自己的修养，如此才能给孩子最好的引领、影响和培养。一个守规矩、有教养的孩子走到哪儿都会受欢迎，而培养一个有规矩、有教养的孩子的前提，是先有一个守规矩、有教养的好妈妈。想想看，如果连我们自己都做不到的事，反而去规定孩子必须要做到，他怎么会甘心？

有这样一个场景：

一家人正在热闹地聊天，本来是孩子在说话，但妈妈突然插了一句，接着她就开始说她想说的内容了。

孩子有些不高兴："妈妈，您不是立规矩说，'在别人说话时不能随便插嘴'吗？那您还插嘴。"

妈妈则辩解说："小孩子的确不可以，但我说的很重要，你不明白。"

孩子噘着嘴很不服气，他希望自己赶紧长大，然后他也就能插嘴了。

这便是我们的错误榜样所带来的后果，孩子会因此产生错误的理解。

所以，对于规矩的内容，我们应该先确保自己能做到。在让孩子看到规矩的具体内容前，我们应该先将规矩内容与自己的表现好好对照一下，看看每一条我们是不是都能做得很好。虽然有些规定，比如睡觉时间方面，我们和孩子之间也许会存在差异，但是另外一些规定却对我们和孩子都适用，比如不随便打断别人的话，比如井然有序地整理东西，比如使用物品后放归原位，等等。这些生活中的小细节其实很多成年人都做得并不好，若是用我们自己都做不好的标准硬去要求孩子的话，他那种不公平感会更加强烈。总是享受"不公平待遇"的孩子怎么可能会有幸福的感觉呢？

做妈妈的不去看自己，不要求自己，而是整天盯着孩子，天天对他大吼大叫，不合适啊！好的家庭教育就是尽量少用技巧，而是多用品格去影响，我们要相信"正己化人"的巨大力量，用生命来影响生命。当我们有了这样的认知，这个影响过程就会是自自然然的。其实榜样力量并不是我们演出来的，刻意的表现并不能给孩子带来足够的正能量，相反，越是平时的、自然的、正常的表现，其产生的影响力量才越明显。孩子会看到、听到，即便我们不教、不吼、不叫，他也会自然而然地学到。

那么，我们就需要做到以下几点了。

第一，向孩子展现一个形象良好的自己。

在跟孩子立规矩前，妈妈自己要有一个良好的表现，不要等到准备给孩子立规矩了才去注意那些基本的行为准则。平时我们要养成好习惯，什么该做什么不该做自己要心里有数。

尤其是在面对孩子时，表现要特别注意，别给他做坏榜样。当然，如前所说，类似于睡觉时间之类的问题，尽管可以与孩子不同，但是也不能太不正常。比如，有的妈妈甚至会过上黑白颠倒的生活，此时，若要让孩子培养好习惯也就不大容易了。所以即便和孩子有不同，但基本的规律还是要有的；如果和孩子的作息规律实在不能一样，可以和他好好解释一下，告诉他这是自己的工作需要，但他在长身体，作息还是要有规律的，做到早睡早起。

第二，要严格要求自己，不能放松。

有的妈妈对于自己不好的表现从不在意，若是遇到孩子问，就会直接说"小孩子不懂"，我们的不严谨就意味着孩子也会学得不严谨。所以，一定要严格要求自己，若是自己出了问题，就要诚实地承认错误，若是孩子指出来的，也要告诉他，他说得对，自己会积极改正。

即使在孩子不在场的时候，父母也不能为所欲为。假设这样一个场景：因为孩子没在家，我们就乱丢乱放各种东西，如果孩子临时回来了，看见这样的场景他会怎么想？所以别自欺欺人，也别欺骗孩子，对自己严格要求一些没有坏处，养成好习惯对我们自己的生活也是有利的。所以，要严格要求自己不放松，外面有规矩，心里更要有规矩。

第三，不断纠正自己过往的毛病和问题。

每个人过往都会有各种各样的毛病，这个不稀奇，也没什么不好意思。但是，如果要给孩子立规矩了，那么我们就需要先正己身，对于过往的种种问题，要努力改正，给孩子展现一个良好的状态与精神面貌。

我经常讲这样一句话："要想让孩子拥有伟大的生命，妈妈自己要先有伟大的生命，先给自己的内心种上孝悌忠信、礼义廉耻、仁爱和平的种子才行。"其实，给孩子立规矩又何尝不是如此，妈妈自己都没有遵守规矩，又怎么能用自己的言行举止去影响孩子呢？妈妈"身正"，孩子"不令而行"；妈妈"身不正"，孩子"虽令不从"。所以，纠正自己的毛病、问题刻不容缓，没有任何借口，于己于孩子有益而无害。

4. 评估孩子和自己的实际情况，并做出计划

立规矩不是凭空想象，不能说"我觉得应该如何就如何"，如果脱离了实际情况，那么这样的规矩就是没有意义的，执行起来也会困难重重。所以，立规矩之前要对实际情况进行评估，而评估的对象不仅仅是孩子，也包括我们自己。

先来看看孩子的情况。

首先要确定的是孩子的年龄情况。年龄是立规矩的一个基础性门槛，通俗一点来说，就是要确定孩子在他那个年龄段里能做什么、不能做什么，而不能笼统地给他立一个不符合他年龄的规矩，否则他可能会缺乏足够的能力去执行或遵守这个规矩。

不过，虽然孩子在某个年龄段会有"能做"与"不能做"的区分，但这并不意味着他不能有所超越，可以提出一些需要他跳一跳才能够到的要求。

对于年龄小的孩子，那些一定不能做的事情，要不断地向他强调"不可以"，以此来增强他的自我保护意识。比如，不能触碰电源插头，不去插拔插座。

随着孩子的成长，他对挫折、困难的承受能力应该越大，所以一些规矩也要随着他的年龄增长而进行不同程度的变化，或者重新立下新规矩。

接下来，便是要确定一下孩子的心智成熟程度。孩子长大了却并不代表成熟了，他的年龄与心智成熟程度并不一定是成正比的，有些八九岁的孩子反倒比十一二岁的孩子更懂事。所以，要从几个方面来确定孩子是不是真的成熟了。

比如，他是不是能正确看待长辈的要求，是否具备独立思考的能力，能不能妥善处理自己与朋友之间的关系，是不是可以接受得了失败，对自己的损失能否坦然对待，等等。

当发现孩子能摆脱那种遇事就哭泣、总是依靠无理取闹来获得自我满足的状态，在事情面前可以有自己的处理态度，对待周围人也充满了理性的时候，可能我们以后的教育工作、立规矩这件事就会相对容易许多。但是如果发现孩子还不够成熟，也不是不可以立规矩，而是所立的规矩要符合他的实际心智成熟度。比如，不能给3岁的孩子立7岁孩子的规矩。再有，就是等待孩子成长。教育孩子，需要时间，需要等待，急不得。做妈妈的不要拿自己的孩子跟别人的孩子比，要有自己的主见才行。

接着再来看看我们自己。

我们需要评估自己已有的条件，看看还缺少什么，还需要再完善些什么，争取能在日后立规矩时，做到万无一失。

首先是看看我们自己存在哪些问题。前面我们已经进行过自我检查，那么不管是外在的表现还是内在的习惯，如果有问题，就要重视起来，可以将自己看成是给孩子立规矩的一个界线，参照自己良好的表现，来让孩子变得更好。

接着是看看周围环境对我们可能造成的影响。相比于孩子，环境对我们的影响要更大一些，无论是感情、婚姻、家庭问题，还是人际、工作压力等其他问题，又或者是孩子的种种问题，我们都可能会因此而处于焦虑中，而这样的情绪可能就会导致我们在处理问题时陷入不冷静的状态。跟孩子立规矩是需要冷静的一件事，不要带着控制孩子的情绪去做。

对于环境的问题，我们要学会自我调节，多从孩子的角度去考虑。另外，如果婚姻不幸破裂了，只有自己一个人照顾孩子，这时候也要坚持原则，有了问题，可以去亲戚、朋友那里寻求帮助，也可以让他们来代替自己的另一半对孩子产生影响与帮助；如果后来组建了新家庭，也要联合新的另一半，一起真正地承担起照顾、教育孩子的义务。无论是教育孩子，还是自我成长，都需要把理性作为前提。给孩子立规矩也不例外，因为在某种程度上，不仅仅是给孩子立规矩，更多的是给我们自己立规矩，只有自己做到了，才能"理直气壮"，当然最好还是"理直气和""理直气平"。这样，家庭的氛围才能更和乐，对孩子的教育才会更轻松有效。

5. 请孩子参与到立规矩的过程中来

立规矩绝对不是单方面地下命令，妈妈和孩子双方都要参与到立规矩的过程中来。

妈妈的参与是毋庸置疑的，因为妈妈的考虑会让规矩变得更全面也更实用和权威。而孩子有了参与权，那么他会对规矩有更深刻的了解，他全程参与立规矩，里面的内容便也是经由他同意认可的，日后执行起来会相对容易许多，他反悔的可能性便大大减小了。而且，被邀请参加立规矩的孩子，会有一种幸福感和满足感，因为觉得自己是被认可、被尊重的，从而更愿意积极主动地去遵守所立的规矩。

不过，邀请孩子与我们合作可能也不太容易，不妨从以下几个方面来试一试。

第一，在双方都理性时提出立规矩的计划。

孩子的脸就好像夏季多变的天，显然在他"电闪雷鸣"时并不适合和他立任何规矩，否则他会产生很强烈的反抗心理。所以，要等到他"风和日丽"的时候，等他和我们相处得相对愉快的时候，再和他讨论关于立规矩的计划。但不要开口就说"我要给你定个规矩"，而是用一种比较委婉的方式表达，先肯定他的长处和努力，再提出立规矩的想法。

第二，要告诉孩子给他立规矩的原因。

孩子更喜欢自由自在的生活，所以从根本上来说，任何一个规矩对他可能都是一种束缚。其实从情理上来分析，孩子对规矩并不一定都很乐意接受。但是，有些规矩会帮助他更好地规范自己，以避免他走弯路。可以用我们自身来当范例，提醒他如果想要有良好的表现，仅仅靠他自己的力量并不够，规矩对他是一种帮助，并不会伤害到他。

告诉孩子，因为有规矩才会有边界，才会有安全感，才会知道事情怎样做才会达到目标而不至于偏离方向。在这个世界上，无论是生活还是学习，无论是现在还是未来，无论是在家里还是在外面，人人都需要规矩，都需要守规矩，不然就可能做错事、犯错误甚至犯罪，会受到道德的谴责甚至法律的制裁。

第三，提出问题，表达期望，坚定立场。

关于规矩要有哪些内容，也要向孩子讲明白。比如这个规矩要解决他的什么问题，我们期望他通过遵守规矩的内容实现怎样的进步，如果他不遵守规矩又将可能受到怎样的惩罚，等等。

这些内容需要征得他的同意，如果他不同意，而这个规矩又必须订立的话，那就只能强制他遵守了。强制，不等于命令，不等于训斥，也不等于吼叫和打骂。在给他讲清楚问题、表达完期望之后，告诉他一声，"必须遵守，没有可商量的余地，妈妈不会害你！我跟你一起遵守这个规矩，我做给你看。"

做妈妈的要有这样的勇气，如此，孩子才会真正明白规矩不容讨价还价，一个为孩子好的妈妈也没有义务让他快快乐乐地接受规矩。现在让他快乐了，他不接受规矩，等出了严重的问题时，孩子的快乐还那么重要吗？就像新闻报道的一些案例，有的孩子就是爱冒险，把楼梯扶手当滑梯，以为自己水平很高就玩冒险级别超过他自身能力水平的运动，结果出了安全问题连命都没了。请问，跟他商量规矩保证他快乐跟生命相比，哪个更重要？

所以，有时候，规矩是不容商量的，必须遵守，没有回旋余地，做妈妈要有这种"霸气"，是"霸气"而不是霸道。一颗完全为孩子好的心，就应该有这样的好效果出来才可以；而不是讨孩子一时欢心最后出现无法挽回的后果。

当妈妈站在真理一方的时候，我们的强硬就是真正不容置疑的权威，作为家庭后来者的孩子，只要平时不惯着他，不溺爱他，不对他过度保护、包办代替，他是会分得清轻重缓急的，所以不必担心孩子接受不了，他表现出的所谓接受不了，只是在做最后的"权益争取"。一个人真正掌握了真理，他就有了自信，就有了天然的权威，做妈妈就要做这样的人。

不要在孩子面前唯唯诺诺，跟他商量来商量去，半天过去，只要没有让他满意，什么都商量不成。有时候，害孩子的恰恰是"商量"。所以，即使孩子有哭闹耍赖等行为，做妈妈的都应该坚定立场不妥协，这时就会发现，孩子同意了。因为他也能感受到妈妈的爱，是真正的爱，而不是惯着他的害。

规矩就是边界，边界就是对他的保护和爱，做妈妈的一定要非常清楚地明白这一点，不被孩子牵着走，不被自己的情绪（好情绪就乐半天，怎样都行；坏情绪就对孩子大吼大叫，怎样都不行）牵着走，做理性、自信、正己的好妈妈。

第四，允许孩子提出意见，并参考甚至采纳他的意见。

有些事情不是原则性问题，是可以妥协的。也就是说我们虽然提出了计划，但计划不是由我们确定的，孩子可以提出自己的意见，有些非原则的小事也是可以退让一步的。比如，学习与休息的时间他可以根据实际情况调整。但是，诸如抽烟、喝酒、逃学这样的原则性问题，我们就要坚持自己的立场，该说"不"的时候就要说"不"。

第五，将立的规矩放在明显的位置供全家参照监督。

等到规矩立好了，可以把具体内容贴在全家都看得见的墙上，孩子和我们都能看到。一方面是监督孩子，另一方面我们也可以对照上面的某些条款及时调整自己。假如遇到某些问题存在分歧，这个规矩可以成为最好的参照。

6. 把规矩有效地贯彻下去，可以稍作调整

规矩一旦立好了，就要认真执行，不能光摆着好看，它真正的作用是要督促孩子行动起来。这一点，在立规矩之前也要好好考虑，因为孩子对规矩的执行情况可能会呈一个曲线状态：最开始是高涨的，接着慢慢下降，然后在我们的几次督促下可能有一两个小的高潮，接着便又会趋于下降，甚至一路走低直至再也不动。这种情况要提前预知。

第一，要想到孩子可能会有的质疑。

孩子最初可能同意这个规矩的内容，但是到了真正执行的时候，他可能发现自己的某些利益还是受到了侵害。

比如，原本规定好，周末时他要先完成作业，然后再做其他事情。但某

天他发现作业非常多，他的某些安排被作业侵占了，于是他可能就想不做完作业或者干脆先不做作业。这样的事情不是没有出现的可能，一旦出现，就应该先了解孩子到底有怎样的情况让他不得不抛下作业，如果真的情况紧急，之前的规矩是可以稍作调整的。

也就是说，如果孩子对规矩有了质疑，在实际操作过程中对规矩内容产生了不满，那么我们可以经过商讨允许他进行调整。

第二，根据孩子的表现对规矩内容进行调整。

立规矩的目的是为了让孩子变好，那么一旦他变好了，或者说比之前有了进步，最初的那个规矩就需要有一些变化了。比如，可以提升难度，或者有一些孩子已经完全改掉的毛病，就可以撤掉这个规矩了。

但是，有时候孩子的表现并不那么令人满意，可以和他聊一聊，看看是规矩内容的偏差，还是他自己表现的问题，然后再调整规矩的内容，以适应他的行动。

第三，妥善处理孩子关于"成人与孩子可以不同"的疑惑。

在某些规矩上，比如睡觉时间、钱的使用、休息的方式等，身为成年人的我们和孩子之间是会有差异的。而在正处于学习并建立规矩的孩子看来，我们的某些行事是很轻松自由的，所以他可能会觉得很不公平，可能会对这种不公平表现出不满。

对于孩子提出来的"你自己都不做，为什么还要我做"的疑问，要想想他说的是不是有道理，别站在成年人的角度去训斥小孩了多嘴，而是一定要对他有所解释。别对他说"大人们都这样，小孩子不行"，这个理由是站不住脚的，可以告诉他"身为成年人，我们可以为自己的行为负责，而你正在成长，在责任方面可能并不那么牢靠。当然，如果你能不断进步，能成长到足以对自己的各种行为负责，我们也不是不可以考虑对你放宽要求"等类似的话，这样的解释也许会让孩子更有努力的动力。

第四，要给孩子适应规矩的时间。

很多事情上孩子不可能一下子就知道或者适应该怎么做，所以第一次他可能会失败，或者做得不够好。此时不能用规矩上的内容去强迫他，要接受他的这种不完美，要给他时间和机会。而且提前就要告诉自己，孩子是不完美的，如果他能好好地遵守规矩，要给予他肯定，但是假如他真的做不好，也不能因此就失望或者发火。

我们能做的是支持孩子坚持下去，鼓励他不放弃，同时对他每一个点滴进步都予以赏识，这样孩子自己也才不会因为不能顺利遵守规矩而气馁甚至赌气放弃。

第五，别因为规矩而对孩子表现疏远。

立规矩，只是教育孩子的一种方法，但并不代表把孩子放进了一个笼子，或者是我们与他划分了界线，变得疏远了。尽管有规矩在，但孩子依然是可爱的孩子，该给他的爱不能少，该表达出来的赞美不能少，要乐于见到他的成长。

从开始立规矩时，就应该对所立的规矩充满希望，不要设想太多的不好，只要我们有信心，就能取得好的教育效果。当然，我们的期望值也要有限度，不要用太高的标准要求孩子，给他一些自由喘息的空间，让他能在快乐中去遵守规矩，并能幸福地成长。

第四章
给孩子立规矩时，孩子为什么会抵触

有妈妈形容，跟孩子立规矩就像是对立国在进行双边谈判，总也谈不拢，孩子常常都会有抵触情绪。其实任何一件事的发生都不是偶然的，背后都有必然原因，与其在那里抱怨孩子抵触，倒不如好好找找原因，解决彼此的"争端"，争取规矩早日发挥应有的作用。

1. 明明跟孩子立好了规矩，可他就是不遵守

给孩子立规矩的过程可能并不会像我们所预想的那么顺利，有时候明明已经立好了规矩，但是最终孩子却会堂而皇之地选择不遵守，还可能会跟我们对着干。显然，不遵守规矩、对着干的情况都会让我们和孩子陷入不愉快之中，亲子关系也会出现短暂的不和谐。

有位妈妈就遇到了这样的麻烦：

妈妈和孩子定好规矩，玩完玩具后立刻要收好，不能随地乱扔。

这天，妈妈要带孩子出门，但是孩子依然坐在地板上玩着玩具，因为赶时间，妈妈便催促道："好了，把玩具收起来吧，我们要出门了。"

孩子正专心地摆着小汽车，头也没抬地说："一会儿就好，妈妈。"

妈妈看着时间有些着急，忍不住说："乖！快点收拾好，我们赶时间。"

孩子这回没应声，手下却依旧保持原来的动作。妈妈一看就不高兴了："你怎么不听话？"

孩子一赌气，把小汽车随手一丢，站起来就走。妈妈立刻又喊："怎么不收拾玩具？不是立了规矩了吗？"

孩子不耐烦地说："就是不收！就是不收！还玩着呢！"

妈妈彻底生气了，一把拽住孩子，孩子不断挣扎，脚下也一阵乱踢，玩具到处都是，孩子最后挣脱跑掉了，妈妈又气又急，只好自己收拾。她一边收拾一边无奈地想："为什么明明定好了规矩孩子却并不遵守呢？"

仔细来看整个事情的经过，难道问题真的是出在孩子身上吗？也并不全是这样，孩子的原因占了一部分，但另外一部分则是妈妈的原因了。

孩子有时候会冲动，但思维却非常简单，所以一些事情往往不经大脑，冲突也就难以避免。尤其是当事情的发展并没有遂他的心愿时，他那种逆反情绪可能就会更甚。他并不会去考虑什么后果，只是在发泄自己的情绪。

孩子这样的表现与他的成长有关，注意力难以集中就会导致他易冲动，但是这并不代表孩子就一定有问题，也许只是他还没学会更好地控制自己的情绪。

说完了孩子的问题，再来看看妈妈的问题。

以前面的案例来说，很明显是妈妈打断了孩子的活动，这样的打断使得孩子渐渐地变得不耐烦。如果妈妈没有打断，而是尽早用一个提醒来让孩子有一个尽快结束活动的意识，也许最终他的情绪也不会这么暴躁，他也可能会自己主动收拾好玩具。

很多妈妈可能都会出现这样的情况，总是以自己的时间安排为准，丝毫不在意孩子到底在干什么，而我们还要强迫他一定要按照我们所说的去做，孩子会慢慢有自己的主见，也会有自己的安排，被强硬地要求必须接受我们的安排，他当然会不开心。

就像有的妈妈在让孩子学了《弟子规》之后，就认为"父母呼，应勿缓"这6个字是"万能"的，认为无论什么时候，只要一喊孩子的名字，孩子就得乖乖地立即停下正在做的事去恭恭敬敬地回应妈妈的呼喊。其实这是误解。也就是说，如果妈妈没有彻底"读懂"这6个字，就很难应用好它，它也就不能成为教育孩子的"灵丹妙药"了。

说得再明白一些，就是妈妈一定要关注到"父母呼"这个"呼"的内涵，这是给我们做父母的提的要求。我们要把握这个核心：注意"呼"的语气、语调和时机。比如，当我们的"呼"明显高八度，甚至是以气势压倒、命令孩子，那他在内心是反感的，是不想配合去"应勿缓"的。再如，"呼"的时机，当孩子正在埋头专注地做一件他认为很重要的事情时，而我们又没有非得必须"呼"他做别的更为重要的事的情况下，就不应该去随意打扰他。想想看，如果我们随意打扰孩子，还要求他"应勿缓"，还有道理在吗？

当孩子暂时还没有做到"应勿缓"的时候，我们要给他适应与成长的时间，而不要试图以"父母呼，应勿缓"（包括《弟子规》后面所讲的内容）这句话去控制孩子，不要硬给他扣上一顶"不听话"的大帽子，甚至因此去否定孩子。

"父母呼，应勿缓"这句话在某种程度上是对父母和孩子都有约束的，体现了父母与孩子之间的相互尊重、信任与理解，而不是父母单方面拿来去衡量孩子的，更不是让父母用这句话或整部《弟子规》跟孩子去对立的。

所以，综合孩子和家长这两方面因素来看，若要孩子很配合地遵守规矩，可以从这样几方面入手。

第一，适当留出一定的弹性时间，以应对突发状况。

什么时间做什么事，虽然我们会有安排，但是有时候也许会出现临时状况。这就要求我们在做计划安排时，要适当留出一些弹性时间，能让我们有足够的灵活时间去处理突发情况。千万不要想到什么就立刻去做，否则孩子的大脑可能会无法处理这么快的转换，这很容易导致他对规矩的反抗。

第二，如果临时有事，要征得孩子的理解。

正因为临时，所以谁也无法预料事情的发生。如果遇到这种情况，就要根据实际情况来告知孩子，征得他的理解。可以试着对孩子说这样的话："妈妈知道你在玩，但是有件事不得不赶紧去办，你的玩具我们可以先保持原样放着，等事情办完了回来你依旧可以继续玩，但是最后你要收好，你觉得怎么样？"类似这样的说法、语气就是在给孩子一个思考的时间，不去强迫，孩子也会更容易理解我们的意图。

当然，假如某些情况实在太过于紧迫，比如危险来临时，我们就要随机应变了，先处理好紧急情况，然后再慢慢和孩子解释，同时还要安抚他因为紧急情况而产生的紧张情绪。

第三，假如出现分歧，要审视规矩与现实的差异。

有时候孩子说什么都不愿意去遵守规矩，不管好说歹说，他都采取反抗的态度。那就要看看规矩的内容本身是不是存在问题了。虽然在立规矩之前我们会和孩子沟通，但那终归只是我们和孩子想象中的情景，一旦这个情景变为现实，也许真的就不那么合适了。

这种情况就需要我们适当地调整规矩内容，可以和孩子一起面对现实，将规矩调整得更切合实际情况。不过，这种情况一定要真的和事实相连，不能说看到孩子不愿意遵守规矩我们就去轻易更改规矩内容，否则规矩也就没有任何效力了。

人都有惰性，孩子也不例外。本来他是自由散漫的，突然有了某种规矩，他有所不适，甚至有反抗也是在所难免的。只要我们有足够的智慧，能指引孩子前进的方向，即使他对规矩有些小情绪，那也要把规矩坚决落实下去。

2. 给孩子立规矩，对他的期望值应该合理

给孩子立规矩的原因，是孩子的表现不令人满意，在某种程度上没有达到妈妈的期望值；立规矩的目的，是想要让孩子有更好的成长与发展。

可是在很多家庭中，规矩都非常严苛，如果严格按照规矩去做，并且做好，那么孩子就已经近乎于完美了。但现实却是，孩子几乎是不可能达到完美的。妈妈的期望值太高了，孩子望着那高高的目标，不管多么努力似乎都无法实现。而只要看到他不能遵守规矩，我们的情绪也就上来了，抱怨甚至吼叫、训斥可能就会接踵而至；而孩子则会因此而变得沮丧甚至自暴自弃。这样的规矩自然也就难以发挥作用了。

其实给孩子立规矩，妈妈的期望值应该合理，应该符合他的实际情况，否则便是在给我们和孩子徒增烦恼。那么，怎样确立合理的期望值呢？

第一，注重孩子当下的行为。

我们总觉得孩子不好好表现是一个态度问题，比如会觉得他不认真，觉得他不听话，觉得他没有付出全力。可实际上孩子也许一直都在努力，只不过他的能力暂时还没有达到我们所期望的那个水平。

所以不要总觉得孩子的态度出了问题。应该看看他都做了哪些事情，是不是真的用心努力了，如果他真的是在认真努力了，那么那个最终的结果反倒不那么重要了，我们理应夸奖他的努力，同时也可以顺势指导一下，激发他的潜能。

当然，如果发现当下的结果真的是他没有尽全力所致，那么该说的也要说一说，给他个小提醒，多一些鼓励和支持，调动他的积极性，让他能做得更好。

第二，允许孩子建立自己的努力方向。

虽然是小孩子，但是他对自己的努力方向也会有个大概的估计，在他的内心也会有"我要做到××程度"的想法。但是，他心中设定的那条水平线与我们给他设定的那条线可能就是不同的。孩子的高度也许不如我们，所以如果以我们的标准来看，他当然不会达标。

但是，这个规矩是给孩子定的，该向哪个方向努力以及具体该努力到什么程度，还是要以孩子为主。如果有可能，可以问问他想要实现怎样的小目标，然后就按照他想要的去为他定方向，这样他就会更加愉快地去遵守规矩。

第三，认清孩子的实际能力。

前面也曾经提到过，总有妈妈觉得"我家孩子就是好"，但是孩子的实际能力就摆在那里，我们应该放平自己的心态，顺应孩子的成长规律。因为立规矩是为了鼓励孩子按照正确的做法去做，而不是要打压他的天性或者打击他的自信心。所以，他能做到什么程度，就让他做到什么程度，可以允许他挑战一下，但不要逼迫他硬去实现过高的目标，要相信他在自己的实际能力范围内可以做得很好。

第四，制订具体准确的奖惩细则。

与努力相比，玩耍更合孩子的胃口。所以，孩子假如因为偷懒或者只想着玩而不愿意去努力的话，我们也可以采取一些惩罚措施。而如果他好好地去努力了，也取得了一定的成果，那么适当的奖励也是应当的。而这种奖惩细则，也需要我们和孩子一起去制订，奖励不能太夸张，惩罚也不能太严厉，适当即可。

3. 了解孩子的情绪反应过程，理解孩子的抵触行为

对于立好的规矩，有时候孩子的遵守情况却很不好。我们一说他，他可

能就会顶嘴，反抗意味非常明显。面对他的抵抗情绪，我们觉得自己很失败，沮丧感也会骤然而生，接下来就会变得不理智，然后我们的行为也许就会失控，开始对孩子大吼大叫。而妈妈的情绪失控对孩子来说就是一场灾难，我们的吼叫、训斥甚至打骂，都会让孩子对规矩产生更大的抵触情绪，甚至导致他拒绝再遵守规矩。

事实上，孩子会闹情绪并不一定是在无理取闹。比如，他觉得规矩有点多，他玩的时间变少了，他就会因此而闹情绪；又比如，他觉得规矩的要求标准太高，就像有规矩说非要先完成某项比较复杂的任务后才能吃好吃的，这样的要求让他在心理上感受到某种"折磨"，他也会闹情绪；还有的孩子可能因为其他事情不高兴，结果把情绪迁怒到了规矩上……

孩子情绪的出现总会有原因，但是很多妈妈却似乎忽略了这些原因。

每当看到孩子闹起了情绪，我们最开始的表现是惊讶，惊讶于他居然会因为一些很小的原因而出现情绪波动。如果孩子的情绪反应再大一些，我们惊讶的程度也会随之加深，因为他的反应往往都是挑战规矩，他表现出来的不配合会很容易让我们的情绪演变成愤怒，由此怒气便自然而然地爆发了。我们情绪的爆发，势必会让孩子的情绪进一步失控，他以后可能就会更加不配合。所以，看到孩子情绪不稳，要想办法稳定他的情绪。

如果孩子在生气，那就问问他到底发生了什么事，让他说说自己为什么生气，这个过程中我们要平静地听，不要轻易就发表任何意见，有不明白的可以问一问。这其实也相当于给了孩子一个发泄情绪的机会，等着他把事情都说出来了，而我们也了解了事情的经过，然后再给他一些小提醒或小意见，帮他逐渐平息怒气，恢复平静。

如果孩子感到悲伤，最开始我们什么都不要问，张开怀抱或者让他靠在我们的肩膀上，任由他发泄悲伤的情绪。我们可以摸摸他的头，抚摸他的背，这就是在告诉他，我们会和他在一起，可以让他感觉到温暖。等他稍微平静一些之后，再问他具体发生了什么。

当然，如果孩子生气或悲伤的原因涉及了之前或刚刚立的规矩，那么我们也要给他机会说出他为什么觉得这样会让他产生这样多的情绪，再根据他的意愿以及实际情况，来判断是不是需要通过适当调整规矩来平息他的情绪。

要相信一点，孩子并不是永远都不配合的，可能只是我们被他勾起来的情绪反应吓到了他，使他不自觉就走上了发泄更多情绪的道路。当我们平静下来，理智地去处理他的情绪时，也就更容易找到绳结的死扣儿之处，解开死结，孩子自然也就会想通了。

4. 反思自己的情绪反应：冲动易怒还是沉着冷静

面对孩子的情绪反应，妈妈的情绪反应大致会有两种。一种是被孩子的情绪彻底点着，爆发出比孩子情绪还要厉害的情绪来，这便是冲动易怒型的妈妈；另一种则是并不为孩子的情绪所动，依然能静静地观察，并查找问题的原因，这便是沉着冷静型的妈妈。

第一种：冲动易怒型的妈妈。

冲动易怒型的妈妈，情绪表达都会很直接，无论是孩子的反抗还是哭闹，都能很轻易地调动起她们的情绪，而且这种调动往往很彻底，妈妈的情绪反应也会非常极端。

有一位妈妈就是这样的类型，一看到孩子的反抗，她内心就会立刻拉起"警报"，然后提醒自己"来了，战争马上就要来了"。可以说，这位妈妈的情绪在一开始就已经进入了"一级战备状态"。

这种"在心中认为铁定会发生情绪碰撞"的想法，其实就已经意味着她内心的挫败感，她的消极情绪会进一步加深。事实也证明，她的确是失败的，面对孩子可能并不一定多么坏的表现，她却只能用"发怒的战争"来解决。

再接下来，很不幸的是，妈妈的这种表现，也会向孩子发出一种信号，敏感的他就会意识到，妈妈真的生气了，很快他也会受到这种情绪的传染，变得更加紧张。原本就情绪不稳的孩子，此时会更加难以控制自己的情绪，结果母子间的"战争"到最后就会变得无法避免。

想想看，原本应该充满温馨的家庭中却总是充斥着"战争"，孩子又该从哪里去体会家庭带给他的温暖和幸福呢？在他简单的思维里，他可能还会认为"规矩＝战争"，多么令人遗憾和难过！

而"战争"爆发后的结果呢？当然不会多么令人期待。孩子的问题可能压根儿没解决，妈妈也陷入了一时的愤怒中；孩子可能会因此对妈妈感到惧怕，妈妈也可能对孩子产生失望情绪。也许过一段时间，孩子会忘记这件事，但因为没有良好的解决办法，他也会故技重演；而妈妈可能会后悔，后悔没有找到更好的解决办法，但如果下次再遇到这件事，她也许还会重蹈覆辙。

冲动易怒型的妈妈，不管怎么做，其取得好的教育效果的概率都太小了。那么为了打破这种明显朝着"变本加厉"方向发展的局面，这一类型的妈妈就要向沉着冷静型的妈妈学习。

第二种：沉着冷静型的妈妈。

如果是沉着冷静型的妈妈，不管孩子情绪如何变化，她始终都会"以不变应万变"，因为她知道，只有自己的头脑冷静，才能更迅速且准确地判断出孩子到底怎么了。冷静的情绪会让她不至于被孩子的表现牵着鼻子走，她就能从孩子看似疯狂的情绪举动中，找到那个根源性的问题。

沉着冷静型的妈妈很擅长让自己平复心情，在冲动来临前，她们会先做几次深呼吸，在慢慢一呼一吸间，会对自己做类似的告诫："冷静，淡定，身为一个成年人,不能和孩子计较。越冷静,事情才会越好解决。"

这样,她们的呼吸和血流都会慢下来,头脑的发昏状态也会得到缓解,这时候再去解决孩子的问题,也就容易许多了。而且,冷静状态下他们会更容易做出正确的选择,也就尽可能地降低了家庭教育失败的概率。

同时,沉着冷静型的妈妈在面对孩子时,只会去想自己行动的原因,不会匆忙下决定,她们从来不觉得孩子是在故意和自己作对。而冲动易怒型的妈妈在这一点上显然是有问题的,她们越是认为孩子在和自己作对,也就越是感觉自己的怒火在飞涨。

冲动易怒型的妈妈该改掉这种想法,别总觉得孩子就是在捣乱,就是不听话,不要用成年人的思维去揣测几岁孩童的想法。假如真的很生气,那就先离开孩子几分钟,或者离开这件事几分钟,在此期间不要再多想孩子的不对,而是要不断告诉自己"要冷静",之后再去处理事情。

在处理事情的过程中,要尽量有一个良好的态度,不要横眉立目,更不要大吼大叫。沉着冷静型的妈妈绝对不会拉着长脸去对待孩子,因为凶恶的表情只会吓到孩子。相反,平静的表情却能给孩子一些震慑力,因为他猜不透我们的想法,反而可能会更规矩一些。

有了冷静,接下来的一切都会变得容易很多,而我们的冷静也会传给孩子,他的情绪也会慢慢平复下来,于是问题最终可能被和平解决。

中篇

用立规矩的方式培养孩子的契约意识

　　什么是契约？契约就是个人可通过自由订立协定为自己创设权利、义务和社会地位的一种社会协议形式。孩子在家中会有自己的权利、地位，同样会有自己的义务。而孩子的幸福成长、快乐成才，应该建立在既享受权利又履行义务的基础之上。但是，原本孩子对自己该做什么不能做什么并不是很清楚，我们就不妨用立规矩的方式来培养他的契约意识，让他能在享受权利的同时，也尽好自己的义务。在某种意义上，义务就是一种责任，孩子遵守规矩就是他的责任，在规矩的范围内做事，就是他的义务。再次强调，立规矩时妈妈要做到不吼不叫。

第五章
给孩子立规矩，这样教他管好自己

如何管理自己，是孩子从小就要好好学习的一课，管好自己，他才能过上有规律的生活。但是对于孩子来说，管理自己就意味着要承受一定程度的约束，可他明显对约束并不那么喜欢。所以，我们不妨用立规矩的方式来帮助孩子学会自我管理。

1. 教孩子学会正确地吃饭

在很多家庭，让年龄小的孩子吃饭可谓是一件大难事。很多妈妈甚至都不愿意想象这些场景：有的孩子不肯好好坐在餐桌前，不是动来动去，就是满屋子乱跑，妈妈不得不拿着碗在后面追，趁着他玩的间隙喂他一口；有的孩子这也不吃那也不吃，妈妈哄着才吃两口；还有的孩子不按时吃饭，想吃了才吃，总是错过正常的饭点。

面对这个难题，很多妈妈在无奈之中只有两个选择，一个是对孩子妥协，任由他去；另一个则是强迫孩子吃饭。

可是，前者的妥协换来的可能只是孩子越发不愿意好好吃饭，越发任性妄为；而后者的强迫，却可能又会让孩子变得害怕吃饭，甚至对吃饭产生抗拒心理。

吃饭是人生存的基本条件，一日三餐也是人体正常的生理规律。虽然吃东西也算是孩子的本能，可是也许之前他一直吃奶，或者在婴幼儿时期并不是真正的三餐而是好几餐，所以孩子似乎很难在一开始就养成很好的吃饭习惯。

孩子不好好吃饭，我们会担心他营养跟不上，同时也对他的不听话感到生气，甚至是愤怒，进而大吼大叫。最终，每次吃饭都会是一场"战争"。其实对于这件事，如果我们找对了路子，就能顺利解决。所以，我们不妨用给孩子吃饭这件事立点规矩。当然，立规矩很重要，不过规矩之外的方面也很重要。

第一，营造轻松的用餐氛围。

其实对于孩子来说，吃饭也是一件幸福的事情，吃到好吃的东西他也会很开心。而且，以前孩子吃饭都是妈妈一个人拿着奶瓶或小碗就解决了，但是全家人的一日三餐是要好好地坐在桌子前面的，这在他看来也是一种新鲜的体验。所以，我们不妨给孩子营造一个轻松愉快的用餐氛围，让他爱上吃饭。

最好给孩子准备合适的椅子、碗筷，在饭桌上不要对他有过多的催促与指责。最开始孩子可能会玩心比较重，那么暂时也先不要管他，任由他自己玩着吃。不要担心得过多，我们轻松，孩子自然也会轻松。

第二，允许孩子自己决定想要吃什么。

我们总是担心孩子会出现偏食或者营养不全面，其实没那么夸张。孩子自己是有一定判断能力的，有时候他不想吃的东西，就是他不需要的东西，他知道自己该吃什么。既然如此，就不要担心他吃什么不吃什么了，只要准备充分，就可以适当地把选择权交给孩子。

当然，哪些食物可以出现在餐桌上，这是需要我们来决定的。食物的种类要足够丰富，主食和蔬菜最好搭配着出现，但是不要长期出现某一种食物，多换换花样，会让孩子对吃饭不那么厌烦。在食物安排上应该尽量做到"高碳低脂"，但是对100%是碳水化合物的糖却要有所限制。

不要按照孩子的意见来准备食物，因为他可能只会选择自己爱吃的东西，可以试着把食物做成可爱、奇怪的样子，色香味俱全的情况下，孩子也会更愿意吃。

第三，不要追着孩子喂饭。

追着孩子喂饭是很多家庭中经常上演的戏码，我们理直气壮地认为："如果不追着喂，他就不会吃，到时候饿着怎么办？"

孩子不会饿着的，如果他不愿意吃，那就是他还不需要，等他饿了，他自然会想要吃。而且，要吃多少孩子自己也会心里有数，如果他放下碗筷不吃了，那就意味着他饱了，没必要追着他去喂。

第四，明确每天的用餐时间和用餐规则。

越是规律的用餐时间，越能帮孩子养成良好的用餐习惯，那么每天的吃饭也就会变得轻松。孩子和成年人的用餐规律不一样，所以不要一上来就逼着他一天只能吃三顿，可以给他一天安排三次正餐、两次加餐，这样就能保证他每天都能吃饱，即便有一顿没吃或者没吃饱，也没有太大关系。

固定的用餐时间会让孩子知道，这个时候就应该是吃饭的时间了，这会让他慢慢养成好习惯。

除了用餐时间，一些吃饭时要遵守的规矩也要慢慢教给孩子。比如：吃饭时不能同时看电视或者看书、玩玩具；吃饭时就要坐在餐桌前，不能四处乱跑；吃饭时不能高声谈笑或者大笑大闹；等等。

有的妈妈觉得这些规矩孩子很难遵守，单就好好坐在桌前这一项就很难。这时可以用一句有智慧的叮嘱："还吃吗？如果吃就坐好；如果不吃了，我就会收走你的碗和勺子，这顿饭就算你吃完了。你自己选吧。"这样一来，就能很好地阻止孩子四处乱跑。

2. 教孩子学会自己睡觉

除了吃饭，我们面临的第二大难题就是孩子的睡觉问题。很多孩子的睡眠都不规律，有的孩子要求必须有人陪着他才会睡，有的孩子睡一会儿就会醒过来，然后就再也安静不下来，还有的孩子睡觉不是做噩梦就是梦游。

其实这些表现都表明孩子在睡眠方面是有问题的，这就是睡眠障碍。这种障碍在婴儿和3~6岁的幼儿之中很常见。虽然随着孩子的成长，这种障碍会逐渐消失，但是它在当下的影响却不容忽视。

要解决睡眠障碍的问题，我们首先需要好好了解一下孩子的睡眠规律。

当孩子还处于婴儿时期时，由于受他大脑控制的睡眠模式还没有完全成熟，所以他并不清楚白天和夜晚的差异。所以不管是白天还是黑夜，婴儿都一样要吃奶、睡觉。

不过随着婴儿的成长，他的睡眠模式就会慢慢改变，由原来的不分白天黑夜都长睡的状态，变成白天短睡、夜晚长睡的状态。等到婴儿成长到大约6个月时，他的睡眠模式就已经慢慢接近于成年人了。

孩子每次的睡眠也并不是"一气呵成"的。人的睡眠一般分为三个阶段：浅睡眠阶段、深度睡眠阶段和快速眼动期（做梦期）阶段。深度睡眠时，孩子的大脑处于安静状态，这时他会睡得特别熟。一般来说孩子在刚入睡时，会进入深度睡眠，此时的他也不容易被吵醒。在这之后，孩子的睡眠状态可能就会出现变化，由深度睡眠过渡到快速眼动期，而在快速眼动期结束后，孩子会短暂地清醒一下。这种交替变化在孩子的整个睡眠过程中一般会出现五六次。而我们需要注意的是，孩子在每次短暂清醒后是不是能再次睡着。

假如孩子每次醒来都会哭闹叫喊，需要有父母的安抚才能再次睡着，那么这就意味着他存在睡眠障碍。另外，假如孩子从清醒状态进入睡眠状态需要很长时间，也意味着他的睡眠是有问题的。

孩子出现这些问题的原因并不复杂，不规律的睡眠时间以及睡眠时间过长，都是造成睡眠障碍的常见原因。

用一个非常简单的比喻来说，睡觉就像是向杯子里倒水，倒得满了便再也倒不进去了，非得等杯子空了才能继续再倒水。孩子睡觉也是如此，如果他睡得太多，那就已经睡饱了，再让他睡就变得非常困难，非得等他再玩闹困了才行。

还有的孩子担心睡着后，他所认识的白天的世界就会发生变化，他不想离开那个充满了乐趣的世界，所以就算硬撑他也不去睡，就算是睡着了，他可能也会频繁地醒过来，以确认他的世界是不是还在，假如发现一点变化，他就会产生一种不安全感。

而有的孩子则会对父母的行为表现出怀疑，他会觉得父母会不会在他睡着之后还有什么其他的活动，父母是不是在哄他。这种思想会占据他的大脑，结果怀疑加上小小的对未知的兴奋，就会让他更加睡不着。

另外，孩子醒了可能会哭闹，有的妈妈会立刻过来哄，但久而久之，这会让孩子获得这样一种信息："如果我哭闹，就会获得妈妈的关心照顾。"这样的习惯一旦形成，那么他的再次入睡也就变得困难了。

除了吃饭，睡觉是人的另一大重要生活行为。假如睡眠不好，孩子的身体、精神等各方面都会变差，那么烦躁情绪也就会不断侵扰他。所以，对此不妨试试下面的一些方法。

第一，固定一些有效的睡前仪式。

要让孩子安睡，需要给他安排恰当的睡眠时间，到了时间就要让孩子上床，并且提醒他上床的时间就是睡觉的时间。

在孩子睡觉之前，可以花上十几分钟与他在一起，讲个小故事，唱首安静的歌曲，不要做很热闹激烈的小游戏，以免让他越发兴奋起来。要保持温柔的态度，不要硬逼着孩子闭眼睡觉，否则他会对夜晚和与妈妈分开产生恐惧（即使跟孩子一起睡，如果硬是逼着孩子闭眼睛，他也会认为妈妈可能要与他分开）。

有的孩子不能适应自己躺在床上的状况，最开始可以先安抚，可以每隔一段时间安抚一次，然后逐渐延长安抚的间隔时间。此时不要给他一些安慰性的物品，也别抱他起来，只是简单地安慰几句就可以了。

第二，在白天多给孩子一些积极的关注。

现在很多妈妈白天都会出去工作，陪伴孩子的时间就会相应减少。而到了晚上，妈妈下班回家，就会想着多给孩子一些补偿，结果孩子就会将夜晚的时间看得比较重要，而他也会在这时表现得很乖巧或者很黏妈妈。本身因为白天不能陪伴孩子就觉得有些愧疚的妈妈，此时多半也不会违背他的意愿，结果导致孩子睡眠的时间越拖越靠后。

所以，为了纠正孩子晚上不睡觉的习惯，可以尝试把他的活跃时间调整成正常时间，也就是在陪伴孩子的时间里，尽可能多给他一些积极的关注，多抽出一点时间来高质量地陪伴孩子，比如，集中一段时间和孩子一起做游戏、做手工、讲故事等，哪怕每天只有 20 分钟，也会很有效果。

第三，理智对待孩子的夜惊。

当孩子从深度睡眠期转入到快速眼动期时，可能会出现一种混乱状态，并伴有一些明显的表现，比如梦呓、夜惊、梦游。所谓夜惊，就是孩子在睡着大约一个小时后突然喊叫起来，并表现得躁动不安。对于 6 岁以下的孩子来说，夜惊的出现是由他尚且不成熟的睡眠模式以及遗传因素所导致的。

面对夜惊的孩子，不能突然叫醒他，轻声地安抚才能让他平静下来。不要因为这个问题而着急，只要帮助孩子养成规律的作息，保证他有充足的睡眠，那么随着他的成长，夜惊的问题自然就会消失。当然，假如孩子在 6 岁后还依然受到夜惊的困扰，那就要寻求医生的帮助了。

第四，帮孩子赶走对独自睡觉的恐惧感。

人对于难以掌控的事物都会有一种恐惧感。在孩子看来，黑夜就是他摸不透的事物，所以他会排斥夜间自己独处一室睡觉这件事，也就不愿意让妈妈离开自己的房间，并希望获得妈妈的关注。

不过，有的孩子是真的害怕，有的则是为了要引起妈妈的注意。对于真的害怕的孩子，要帮他稳定心神，打开他屋子里的衣柜让他看看没有什么怪兽在作怪，同时也可以给他一个拥抱，告诉他我们爱他，并会一直保护他。而对于想要引起妈妈注意的孩子，就要先了解孩子到底怎么了，要找到他想要吸引人注意的最终原因，然后再给他以相应的帮助。

3. 引导孩子主动去洗澡

孩子对某些事情的排斥可能会让我们感到无法理解。比如，许多孩子都不喜欢洗澡，因为他总会发现比洗澡更重要的事情，他会觉得洗澡很浪费时间，让他原本玩耍的时间都被侵占了。

也许孩子的逻辑很让人哭笑不得，但这是他自己认定的事情，所以如果我们强硬地反驳他或者逼迫他，顶多只能换来他的不开心和反抗，他还是不会乖乖地主动去洗澡。

但是洗澡是孩子不可缺少的生活行为，经常清洁身体才能保证他的健康。所以我们还是要引导孩子能主动去洗澡，不过却要换一种应对方式。

应该提醒孩子，洗澡这个问题不是一道选择题，它只有一个答案，那就是澡必须得洗，没得商量。而且最好是定期洗澡，不能随便糊弄过去，必须要从头到脚洗干净。

对于这样的要求，孩子很可能会反抗，而对于他的反抗，我们也要坚持，不能因为他的反抗或者哭闹就妥协了。一旦我们轻易让步，就会让孩子钻了空子，下次他可能会更加顺理成章地拒绝洗澡。此时，有的妈妈会强迫孩子去洗澡，但孩子很可能反抗，因为他从内心就是不愿意洗澡的。

所以，不妨来个"迂回战术"：虽然不能在要不要洗澡这个问题上设定选择，但是可以让他在洗澡时间上有所选择。比如问他"是要先听故事还是要先洗澡"，如果孩子选择听故事，那么可以将洗澡时间延长拖后，但是不能彻底放弃。如果过了洗澡的时间他依然选择不合作，那么我们可以用一些小惩罚，比如，让他少听一次故事。

如果他在洗澡的过程中不断反抗，我们也可以予以惩罚，比如，不仅是当天晚上的睡前故事免掉了，第二天的也要免掉。

当然总是会有那么一些孩子表现得格外倔强，此时我们也可以强硬一些。

一位妈妈是这样对付不洗澡的孩子的：

下午孩子在外面疯跑了许久，弄得一身汗一身土，妈妈好说歹说才把他带回了家。刚到家，孩子就兴奋地说："一会儿我要去林林家玩，他让我去他家玩大赛车。"

妈妈则说："好啊，你可以去，不过去之前要先洗澡。"

孩子立刻说："不行！洗完澡就晚了！"

妈妈却说："不会的，我保证你洗完澡再去也还有时间。"

孩子噘着嘴："我不洗！"

妈妈不紧不慢地回答："哦，不洗也行，不过我是不允许你脏兮兮地去别人家的，而且我相信别人也不会喜欢看到一个脏兮兮的小孩子跑到自己家里来的。"

孩子还是不服气，可是他看了看自己身上的脏衣服，想着妈妈的话，却又犹豫了，最终他不得不向妈妈妥协。

这就是有智慧的做法。这位妈妈用孩子自己的事情来对付他不愿意洗澡的心理，显然是有效果的。

其实要对付孩子不爱洗澡的问题，我们还可以采取很多方法：让他自己说一说不洗澡就会有怎样的害处，或者不洗澡就会有怎样的后果，比如身体会生病，小朋友会远离他，等等。或者，用一种幽默的方式来刺激孩子，比如一位妈妈就说："哎，我家那小调皮哪儿去了？我怎么找不到他了？只看见一个黑黑的小脏人在房间里转悠。"孩子被逗乐了，也就顺利地被妈妈带进了浴室。

如果孩子可以快乐地去洗澡，就会有愉快的心情、干净的身体，加上我们的认可，他自己就会慢慢体会到一种愉悦感、幸福感。

4. 帮助孩子自主控制大小便

如果说孩子不愿意洗澡是因为他觉得那会耽误他玩耍的时间，那么不愿意去上厕所就有些让人摸不着头脑了。在我们看来，明明有了便意却不肯去厕所，这明显会对孩子的身体造成伤害。但是孩子宁愿选择"就地解决"——直接拉在裤子里，也不肯主动跑去厕所。我们问孩子"要去厕所吗"，他的回答通常都是"不去"，可事实上，没过一会儿他的衣裤就会遭殃。

研究发现，目前孩子们能够自主控制大小便的年龄段已经大大后移了。

瑞士著名儿童教育家、儿科医学教授雷默·拉尔戈曾指出，在20世纪50年代，绝大多数的父母都在孩子还不到1岁时就开始教他如何控制大小便。但到了70年代，随着一次性纸尿裤的发明与广泛应用，父母便不再这么着急地教导孩子了，孩子控制大小便的时间便随之后移了，平均延后了一年。

根据国外有关统计表明，目前有2/3的孩子在将近4岁时才能做到自主控制大便，剩下的1/3中的绝大多数则在将近5岁时才能做到。而孩子能自主控制小便的年龄则要更晚一些了，90%的孩子在5岁时能做到白天不尿裤子，而20%的4岁孩子、15%的5岁孩子以及10%的7岁孩子，在夜里还会尿床。

事实上，孩子能不能自主控制大小便与他身体功能的成熟度有关，这样一个发育过程一般要到孩子6岁左右才会完全结束。也就是说，之前单纯的教育是不大可能影响孩子身体功能变得成熟的。

也就是说，如果只是单纯地给孩子立规矩，要求他按时大小便，是不会有好效果的，至少我们需要耐心等待他的身体功能逐渐成熟。

不过这并不代表我们就没有什么能做的了，我们还是可以在孩子学习自主控制大小便的过程中一直伴随他左右的。在这个过程中，可以认真观察孩子，通过他的各种反应判断他在什么时候能够自主控制大小便。

一般来说，需要观察孩子的这些表现：

第一，孩子可能会突然变得很安静，或者有些发呆地注视着某处。看上去，就好像是在专注地思考。接着，他也许就会流露出一种愉快或放松的表情，再然后，我们可能就会发现他留在自己衣裤上的"杰作"了。

第二，还在穿尿布或纸尿裤的孩子，会对这种排便产生感觉，当他感觉尿布或纸尿裤"满"了的时候，他也会向父母发出信号。

第三，有的孩子在便意来临时也会乱动，两腿交替乱蹬，或者是其他一些动来动去的行为，我们要注意判断。

但是如前所说，孩子要能完全自主控制大小便，需要一个过程，所以在他还不能完全自我控制的时候，我们要给他一些必要的帮助。

比如，在夜晚的时候，很多孩子会在夜里尿床。虽然白天他还能做到在厕所里大小便，但是到了夜里，他一般都会睡得很沉，即便有了便意也并不能那么容易地醒过来。而且，孩子总是面对那湿湿的床铺，他的心里也会产生一种恐惧感。

这时，我们需要安抚孩子的情绪，同时也可以找一些合适的方法来提醒孩子记得起来上厕所。比如，有一种名为"尿湿提醒器"的东西，它有一个带传感器的探测头或者一个带传感器的特质垫子，孩子刚一尿出来，传感器就会发出警报，孩子就不得不醒过来去上厕所。也许一开始孩子对传感器没有反应，那么我们就要陪在他身边，观察他夜间睡觉的情况，并提醒他起来上厕所。

有时候，孩子原本可能已经不再尿床了，但是突然又开始尿床，那就要考虑是不是有其他因素影响了他，比如孩子是不是有了精神负担。

总结一下，要想让孩子学会自主控制大小便是需要时间的。

在这段时间里，我们可以做这样几件事：

第一，给孩子准备容易穿脱的松紧带裤子，并教他学会穿脱。

第二，给孩子做出正确的如厕示范。妈妈可以给他示范，或者使用玩具小人儿来给他示范，用游戏的方式来教他学会上厕所。

第三，当孩子表现出有便意的时候，我们可以带他到厕所或者便盆那里，让他意识到出现这种感觉时，就要寻找这些场所或器物。

第四，适当提醒孩子，就算尿裤子了、拉裤子了，也不要憋着，该排泄就一定要排泄。我们的反应要适当，不要训斥他，但可以教他学会自己换掉弄脏的裤子。

第五，从孩子四五岁时起，可以适当地鼓励孩子自己去厕所，如果他一天能自己去很多次，那么我们可以给他一些奖励。

第六，有的孩子不去厕所是因为害怕厕所的环境，对自己的大小便掉进马桶时发出的声音和冲水的声音也会感到害怕。这时我们要消除他内心的这种恐惧，带着他到厕所瞧一瞧，让他看看冲水是怎样的一个过程。

孩子如厕需要立规矩，需要训练，注意以下几个方面：

第一，让孩子知道如厕的必要事项。

如厕不仅仅是一种个人行为，更是一种公共行为。而且，如厕的过程不仅仅是一个"蹲"或"坐"的动作，而是一个完整的、连贯的过程。因此，妈妈要知道，对孩子进行如厕训练不仅仅是培养孩子的自立能力，更是为孩子的综合素质加分。

从准备上厕所到完成善后的整个过程都属于如厕的范围。妈妈首先要让孩子知道如厕的顺序和必要事项，也就是如厕的规矩，比如：准备手纸、进入厕所关门、脱裤子、上厕所、擦屁股、把手纸仍在垃圾篓里或便池里、穿裤子、冲厕所、确定厕所已冲干净、洗手、别忘记关闭水龙头，如厕完毕。

看似过程很细，但是，每个人不都是这样完成的吗？何况，如果妈妈不教给孩子，孩子真的会不知道某一个环节，那么，孩子遇到尴尬或给人带来不便的情况就很容易出现了。因此，妈妈在孩子三四岁时，最好能陪伴孩子熟悉这个过程，让这些细节联系起来变成孩子的习惯。

第二，专门针对"擦屁股"进行训练。

在整个如厕的过程中，对孩子而言，难度系数较高的恐怕就是"擦屁股"环节了。因此，妈妈要手把手地教给孩子如何擦屁股。手纸的多少，擦拭的过程，如何判断是否擦干净等问题都要一一教给孩子。妈妈应该通过演示让孩子直观地知道该如何擦屁股。而且，妈妈要教给孩子如何合理使用卫生纸，又避免弄脏手。所以，妈妈肯定要面对面、手把手地教导孩子掌握擦屁股的正确方法，并屡次训练孩子，直到孩子熟练掌握。

第三，注意如厕的几个细节。

在如厕的过程中，有几个细节不容忽视。比如，为了避免上完厕所才发现自己没带卫生纸的尴尬，妈妈就要让孩子养成随身带手纸的习惯。这样，即使卫生间没有提供卫生纸，孩子也能自如应对了。

另外，每个人都希望进入卫生间时，空气至少不是污浊、恶臭的。当然，上大厕有臭气是不可避免的，但是，为了让空气污染尽量减少，妈妈应该教给孩子"一上出来，就立刻转身冲掉"的概念，如果上完之后，起来穿好衣裤再冲的话，自己和他人就很难不受污染了。

再者，妈妈一定要帮助孩子养成上完厕所就用香皂或洗手液洗手的习惯。还要注意的是，如果洗完手，没有干手器或毛巾的话，一定不要带着有水珠的手到处乱甩，最好把多余的水甩在洗手盆里，然后再离开。

5. 教孩子自己叠衣服、整理房间

把东西乱丢一气是孩子的一个特点，尤其是一些小孩子，我们前脚刚收拾好东西，他后脚就能立刻弄得一团乱。许多妈妈都对此感到既愤怒又无奈，自己辛辛苦苦地收拾着，孩子却丝毫体会不到我们的辛苦，嘻嘻哈哈地只顾着玩，我们却要一次次地受累。

为了阻止孩子的这种"恶行"，各种各样的规矩就出现在很多家庭中，比如"不许乱丢""自己整理"等。但孩子真会这样做吗？结果常常是令人失望的。特别是年龄小的孩子，他们多半会选择对这些规矩视而不见，然后继续我行我素。

尤其是在他自己的房间里，这种乱丢乱扔的现象会更为严重。

比如，洗干净的衣服放在了孩子的床上，我们的要求只不过是让他将干净衣服放进衣柜，但孩子可能会无视这个要求，任由衣服就那么摊在床上；他也可能照做，却会把衣服弄得一团乱；他还可能将这个要求看成是一场游戏，于是刚洗干净的衣服也许就会立刻遭殃，不是被丢在地上，就是被抓、踩得全都是褶子。

有的妈妈此时只有一种做法，那就是冲他吼叫，大声训斥他。可是几番吼叫与训斥之后，孩子似乎并没有什么变化，玩到高兴的时候，他依然会把屋子里弄得一团乱。

房间是孩子的小天地，整洁干净的环境才能让他生活得更舒心，而整洁干净的衣服也有助于孩子给他人留下良好的印象。

所以，假如下次孩子依旧乱扔他的衣服、搞乱房间，我们可以试着换掉以往的训斥，转而采取给他立规矩的方式去教育他。

第一，严肃地提醒孩子乱扔衣服、搞乱房间是他的错误。

孩子对某些事变得肆无忌惮，其实多半也与我们的态度有关。尽管很多妈妈对孩子的某些表现十分看不过眼，可是除了简单粗暴地吼叫、训斥就再没有其他好的教育方法。这可能会让孩子认为就算自己这么折腾，也只不过是换来一顿责备罢了，久而久之，他便对我们的训斥"免疫"了。

其实，当看到他的表现时，用不着去训斥他，只要简单地提醒就足够了。只不过这个提醒要严肃一些，要严肃地指出他的问题，并告诉他如果他依然不改正可能会出现的后果。

比如，孩子对我们洗好并叠好的衣服如果不重视，那就要严肃地告知他"下次你自己叠衣服"。他可能会抗议，并且相信我们不会这样做，那就要让他不如愿一次，下次真的把衣服都堆在他的面前。

又比如，孩子肆无忌惮地弄乱他的房间，妈妈也可以告诉他"下次请你自己整理房间"，孩子同样也会认为我们是不会让他生活在不舒服的环境里的，但我们也一样可以说不整理就不整理。

我们的表现会向孩子证明，叠衣服、整理房间是他自己该做的事情，如果别人替他做了，他也应该心存感激，珍惜他人的劳动成果。

第二，教孩子学会叠衣服、整理房间。

叠衣服、整理房间，这些都是生活中的小技巧，不过如果我们不教，孩子是不会懂的。所以，我们在做这些事的时候，可以拉着孩子一起，给他讲讲怎么做，让他看看怎样把一团乱的衣服收拾服帖，怎样让乱糟糟的屋子快速变得整洁起来。孩子对于他不知道的事物会有一定的新鲜感，我们应该抓住他的这种新鲜感，及时将这些生活小常识教给他。

第三，不要屈服于孩子的哀求。

不管是不给他叠衣服，还是因为他不肯打扫房间而惩罚他不能进入房间，孩子总是会有服软哀求的时候。有的妈妈最不能招架的就是这一手，孩子一哀求，一露出可怜的表情，立刻就心软了。所以，一定要抵挡住孩子的这种哀求攻势，只有我们坚持了，孩子才不会因此而变得骄纵。

6. 引导孩子把用过的东西放回原处

如前所说，乱丢东西是孩子的"特点"。可能他当时一通乱丢觉得没什么，但是乱丢的结果就是下次想要再找的时候就会格外费劲。孩子"动物不归原"，不仅会让房间变得一团乱，还会让他找不到自己想要的东西。

尽管如此，孩子却依旧"保持"着这种用完东西就乱丢的坏习惯。很多妈妈便也不得不一次又一次地要求孩子将东西放回原处，如果孩子不听话，妈妈常常只能自己主动上前收拾。

有的妈妈会因此抱怨："怎么说都不听，他就是总将东西四处乱丢。我都头疼死了，每次都得我帮他收拾！"

如果事情是这样，那么还倒是真怨不得孩子了，正是我们这种不肯放手的行为，才导致他始终不知道"动物归原"该是他自己应该具备的好习惯。

但是，有一位妈妈却巧妙地制住了孩子，她是这样做的：

我经常找不到电视机的遥控器，因为孩子总是拿着它到处乱放，然后就不拿回来了。后来我想了个办法，收回了我对遥控器的掌控权，那便是只有我知道遥控器放在哪里，用完之后我会再好好地把它藏起来。

这一下子，孩子不能随心所欲地看他的动画片了，他也闹过，最开始我是让他自己去找，但他找不到；后来他干脆不找了，直接跟我闹个没完，但是我却很平静地没有理他。如此过了几天，我才把遥控器找了出来，并对他说："你几天都找不到遥控器，也会觉得着急，以前你把遥控器乱放，妈妈也和你是一样的心情。所以，如果我们想要都能找到遥控器，就要给它固定一个地方，你觉得怎么样？"

孩子不得不同意了，我们在茶几上放了个小筐子，并约好将遥控器就放在小筐子里。虽然期间遥控器依然又消失了几次，但是到了后来，它再也没有消失过。孩子已经牢牢记住了用过之后要放回原处这个原则。

这就是个很有智慧的方法，让孩子亲身体验找不到东西的感受，使他体会到"动物当归原"的道理。

这其中也包括了几个要点，我们可以通过立规矩来告诉孩子。

第一，需要确定物体的原处。

将家里一些能拿来拿去的东西，比如遥控器、玩具、书籍等都规定好原处，并让孩子一一记住，这样有助于他将东西放归到固定的地方。

第二，引导孩子给物品归类。

什么东西放到哪里，这也是"动物归原"的基本条件，不允许孩子将东西混杂乱放，要在平时注意引导孩子给物品归类。

第三，及时清理不用的东西。

要提醒孩子，一些东西比如旧玩具、旧书籍，如果用过了就要及时清理掉，否则会占据大量的空间，也影响其他东西的归原。

总之，孩子要养成好习惯，要记住每样东西都有它该在的地方，别让它们一团乱。

7. 培养自制力，对孩子适度延迟满足

不是所有人都能抵挡得住诱惑的，否则也就不会有那么多因为各种诱惑而锒铛入狱的人了。成年人尚且对诱惑没有足够的招架之力，更何况是年幼的孩子？

对于孩子来说，整个世界都是新鲜的，所以整个世界对他都充满了诱惑——美食的诱惑、玩具的诱惑、动画片的诱惑……各种他没做过的事情都会对他产生一定的诱惑，哪怕那件事是错误的，他也会因为诱惑而跃跃欲试。

但是诱惑全都是披着漂亮外衣的陷阱，孩子一旦接触，就会掉进陷阱之中难以脱逃。现在社会中有很多拐骗幼童的案件，犯罪分子就是利用食物、玩具来哄骗孩子，孩子禁不住诱惑而被拐卖、绑架甚至被害。而大一些的孩子则又会被网络、毒品、色情、赌博、偷盗等一系列的诱惑所吸引，从而走上犯罪的道路。

之所以说孩子对诱惑难以抗拒，就是因为他本身对诱惑的抵抗能力不强，分辨能力也很弱，自我控制力更是有待加强，如果某个诱惑刚好顺应他的心思，那么他就会很容易被诱惑勾走。

此时如果只是单纯地定出各种条条框框的规矩让孩子远离诱惑，可能也不太现实，因为他对诱惑并没有那么深刻的理解，不是说有规矩他就会自动远离诱惑的。所以，应该着力培养孩子对诱惑的抵抗力，培养他良好的自我控制能力，让他能有主动远离诱惑的意识。

第一，让孩子了解诱惑背后的陷阱。

诱惑当前，孩子是想不到其背后有什么陷阱的，他单纯的思想会让他只看得到眼前的美好。所以，要将这些诱惑背后的东西告诉他。

对于小一点的孩子，可以提醒他，不管是熟人还是陌生人给他的东西，都不要轻易就接。尤其是陌生人，一定要及时躲开，即便是再喜欢的东西也不行。而对于大一点的孩子，可以利用一些新闻案例，用讲故事的方式给他讲讲这些发生在生活中的真实事件，让他了解到诱惑背后隐藏着的危险。

除此之外，也要给他讲讲那些"隐性诱惑"。如果说那些诱骗孩子或者毒品、色情之类的诱惑是一种很明显的对孩子的威胁，那么一些广告中所提到的各种东西，则可以被看作是隐形诱惑。广告中提到的美食、玩具或者良好的效果，大多都只是一种宣传说辞，孩子一时无法分辨，会对广告中提到的东西颇为有感觉，于是便会产生想要的念头。虽然表面看来这是广告的作用，但实际上，这也是孩子无法抵挡诱惑的一种表现。

但商业广告总是以获取利益为目的的，所以不管里面说得多么天花乱坠，实际上可能并不会如广告中说得那么好。美食可能只是吃着好吃，但是存在健康隐患；玩具也许一时很好玩，但孩子可能并不是真的那么喜欢；一些学习机、保健品所宣传的作用，也许就是吹嘘，并不对孩子的症，常常都没有效果。将这些都讲给孩子听，别吓唬他，只摆事实，会让孩子更清醒地看待他周围的诱惑。

第二，别总拿诱惑来当成对孩子的鼓励。

其实有时候孩子逃不开诱惑也并不全是他自己的原因，我们在其中似乎也起到了"推波助澜"的作用。比如，有的妈妈会用诱惑来鼓励孩子，"如果你考好了，我就给你买×××"，"考100分，就奖励给你100块钱"，"想要×××吗？那就好好表现"。不得不说，这种鼓励方式对孩子来说就是一种很大的诱惑，不管是物质还是金钱，这样的诱惑会让孩子变得急功近利，增长他的金钱或物质欲望，还可能会导致他为了达到目的而不择手段。这样的教育方法是不彻底的，是有流弊的，应该慎用。

因为孩子不勤快、不爱劳动，妈妈为此头疼不已，于是在书上看到了"好方法"：给孩子钱，洗碗给两元，扫地给两元，洗衣服给五元……这样，一方面可以调动孩子劳动的积极性，让他变勤快，爱劳动；另一方面，也可以从小培养孩子的理财能力，真是一举两得。

这位妈妈看后立即就学以致用了，结果孩子真的变勤快了。她非常高兴，以为真的找到了治孩子懒惰的"灵丹妙药"。几天后，这位妈妈洗完衣服后对孩子说："妈妈很累了，好孩子，你把这些衣服拿到衣架上晾一下，妈妈给你五块钱。"可是，孩子却随口讲出这样一句话："今天我也很累，这个钱我不赚了。"这位妈妈顿时就愣住了。

可见，这位妈妈找到的"灵丹妙药"的有效期太短，还有副作用。类似这样用金钱或物质奖励的方式教育孩子，是没有真实效果的，甚至还会害了孩子。

所以鼓励孩子需要换一种方法，夸奖他的努力，肯定他的成绩，给他以希望，给他以信任，这才是能鼓励到根儿上的方法。

第三，对孩子的需要，合理适度延迟满足。

要帮孩子提升抵抗诱惑的能力，就需要培养他具有一定的自控力，延迟满足就是个不错的培养方法。

这是因为孩子其实都是"贪婪"的，我们给得越多，他要得也就越多，久而久之他会变得越发不能等待。而延迟满足，则是让孩子学会等待和忍耐的好方法，这会让他不再对诱惑有那么急切的回应。

在孩子两三岁时，他就已经具备了一定的自我意识，也已经能听懂一些道理了。如果这样大的孩子想要什么，就可以对他讲"等一等"，逐渐让他知道"等"的概念，同时也让他体验一下"等"到底是什么滋味的。当然，最开始不要让孩子等待太长时间，几分钟就够了，当他习惯之后，再逐渐延长他等待的时间。

要抓住生活中的合适时机，比如孩子想吃什么、想玩什么的时候，告诉他学着等待。不过，根据不同的情况，也要有不同的应对。

比如，孩子在超市里就想吃某样东西，我们可以告诉他："超市里的东西需要付钱，要等妈妈付了钱你才能吃。"讲清楚道理，他也会懂。如果孩子已经吃完了某样东西却还要再吃，那就可以这样说："吃完了这个，你的小肚子已经鼓鼓的了，再吃就会撑坏肚子的。我们等1个小时以后再吃好吗？"这样的说法既尊重了孩子的愿望，又控制了他的欲望，可以帮助他学会等待。

又比如，孩子若是想玩什么东西，但那个东西被他人占着，可以说"等那个小朋友不玩了我们再玩"，此时最好避免说"我们先去玩别的"，否则这可能会错过让孩子学习等待的好机会。

第六章
用规矩教孩子学会尊重，不要唯我独尊

今天的绝大多数家庭都只有一个孩子，因此全家上下的关注重心就会理所当然地牢牢"锁定"在孩子身上。但是，这样的环境却极容易导致孩子变得唯我独尊。要改掉孩子的这个毛病，就要教他学会尊重他人、他事、他物，此时也同样可以用立规矩这个方法。

1. 先要尊重孩子：进房间要敲门，动他的东西要征得同意

孩子对幸福感都有一种渴望，而建立幸福感需要很多基础条件，尊重显然是其中比较重要的一个。有了尊重，孩子会获得他人的好感，他的内心也会感觉更为舒畅，如此一来，他的幸福感就会更容易建立。

可见，孩子是喜欢被尊重的。但要教孩子学会主动去尊重他人却并不是一件容易的事。要开展这项教育，身为妈妈的我们首先就要懂得尊重孩子。孩子对于尊重的理解来源于我们，如果我们能做到对他有尊重，那么他也会感受到那种被尊重的感觉，日后再教他学习尊重也会更容易一些。

尊重与其他行为不大一样，不像叠衣服、整理房间那样能明显地看出

来。就算立的规矩中有"你要尊重他人"这项内容,孩子也并不能明白这到底是要让他干什么。所以,即便要用立规矩的方式来教孩子学会尊重,也要有一定的前提条件。

应该以我们的尊重来赢得孩子的尊重。孩子可能没有好好听妈妈的话,但他却一刻也没有忘记怎样去模仿妈妈。如果我们对他又吼又叫、毫无尊重之心,那么就算我们教他尊重了,他也可能记不住,反而只记着我们是怎么对待他的,然后也学着那个样子对待他人。

在满是不尊重的环境里长大的孩子,很明显是学不会尊重他人的。就算我们的不尊重并不是针对孩子,但他却会将我们所有的行为都记下来,不管是针对谁,他学的只是我们待人的态度。因为孩子就是妈妈的镜子,就是妈妈的复印件。

所以,要教孩子学习尊重,我们先不要那么着急,好好看看自己,好好检查一下自己的行为,看看我们自己是不是做到了尊重。先正己,再正孩子,才能给孩子树立好的榜样。

第一,弄清楚尊重孩子的真正意义。

总有妈妈觉得尊重孩子就是一种形式而已,就算不尊重,他不也一样该学习时学习,该出成绩时出成绩吗?再说孩子怎么表现都是他自己的事情,和别人的表现有什么关系?

别把孩子的成长看成是他一个人的事,也别把孩子看成一个孤立的人,不管怎么说他都是生活在社会中的。我们对孩子的尊重,能培养他健全的人格。从我们这里获得了尊重,他也会知道尊重自己,这能帮他正确认识自己,使他不至于产生自卑心理。更何况,我们尊重孩子,他也会尊重我们,这也有利于他孝心的培养。

第二,从进孩子房间敲门、不乱动他的东西做起。

要说尊重孩子,做起来并不算难,起点也很低,完全可以从"进孩子房间敲门""不乱动他的东西"等这些小事上开始。

进孩子房间敲门,这是很多妈妈会忽略的一点。大部分妈妈都觉得,孩子的房间有什么不能进的?又不是别人家,哪里用得着敲门?当然用得着。孩子的房间已经是属于他的私人空间了,若要进入,就需要敲门获得他的认可。为了能保证全家人都做到这一点,可以在各自卧室的门上贴上这样一张字条,写上"进入请敲门"。我们敲孩子的门是给他做榜样,同时也是鼓励他在进入我们房间时敲门,这就是一种对等的尊重。

即使房门是开着的,妈妈进入前也应该敲一下门,"当当当"三小声即可,一是提醒孩子,不然我们的突然进入,可能会把正在专注学习或做事的他吓一跳;二是表示进门需要征得他的允许,以体现对他的尊重。所以,这样做不是矫情,而是非常有必要的。

而不乱动孩子的东西也是很多妈妈会忽略的。有些妈妈自以为很勤快,每当看到孩子把自己的东西弄得一团乱时,她就会主动上前帮忙收拾,但是孩子那样放也许是有目的的,结果好心却办了坏事。孩子对他自己的东西是有所有权的,要动的话就要提前打招呼,这样才能避免之前提到的情况,同时孩子也才能学会动他人的东西前要打招呼。

第三,在孩子面前表现出良好的尊重素养。

除了进门敲门,不随便乱动孩子的东西这些小事之外,还有很多与尊重有关的行为素养是我们不能放松的。比如,不要当众揭孩子的短,别把他的糗事当成是笑话随便说给别人听。而当着孩子的面时,则要避免抱怨、议论、嘲笑他人,可以赞美、夸奖他人,要做到《弟子规》上说的"人有短,切莫揭;人有私,切莫说""道人善,即是善,人知之,愈思勉""扬人恶,即是恶,疾之甚,祸且作",以及曾国藩先生所说的"扬善于公庭,规过于私室"等。

2. 不要因为"我是妈妈"就凌驾于孩子之上,不粗暴、不专制

成为妈妈很容易,但怎样更好地表现自己做妈妈的身份,却并不是一件容易的事,很多妈妈不清楚该怎么做。比如,有的妈妈会觉得自己是长辈,看见孩子有不好的表现,自然是要上去说教一番的;有的妈妈动不动就搬出家里的规矩,要求孩子必须无条件遵守,没有任何回旋余地;还有的妈妈明明自己做错了,但是面对孩子时却依然一瞪眼说:"我是你妈妈,我怎么做用不着你来说!"

类似下面这样的场景,我们可能并不陌生:

孩子晚上想要跟着妈妈继续看电视,但妈妈说:"不行,你明天还要上幼儿园,现在已经晚了,你要睡觉了。"

孩子却不愿意:"妈妈,再让我看一会儿吧!"

"我说不行就不行!"妈妈这时提高了声音,"你怎么不听话?"

孩子小声嘟囔了一句:"妈妈明天还上班呢,不是也一样看吗?"

妈妈有些生气了:"因为我是妈妈,我就算上班自己也起得来,你怎么能跟妈妈比?睡觉去!"

孩子满肚子不服气,在沙发上磨蹭了一会儿,极不情愿地起了身,边走边小声抱怨道:"妈妈太过分了!"

一句"因为我是妈妈",难道就成了我们可以犯错、可以不守规矩的挡箭牌了吗?难道只因为我们是妈妈,教育孩子应该遵守的规矩就与我们没有一点关系吗?当然不是。

我们摆出这种高高在上的架子,并不能表现出妈妈的权威,只会让孩子产生一种"大欺小、小怕大"的畏惧感,而不是对妈妈从内心自然生出的敬

畏感，也会让他觉得很不公平，同时他还会觉得我们的心离他很远。而这种处理问题的方法，可能会被孩子偷偷学了去，下次他再遇到类似的事情，也许就会模仿我们的样子去指责别人，为自己的错误狡辩。

其实和孩子在一起，我们何必要摆架子呢？我们是孩子最亲近的人，理应要让他感受到这种亲近感，这样他才会感受到与妈妈在一起的、属于家庭的幸福。

否则，长期受到这种专制、粗暴对待的孩子，如果是个性倔强的，可能会产生对立情绪，进而就开始用各种各样的叛逆表现来回应我们；如果是个性软弱的，可能会就此变得懦弱、自卑、盲从。

更严重的是，专制与粗暴并不能实现我们所期待的教育目的，反倒会"助长"孩子身上的种种毛病，比如说谎、孤僻、冷漠、仇视、攻击、抑郁等，至于创造力、判断力等各方面的发展，则更会因此受到影响。

所以，"因为我是妈妈"这样的说法是对孩子有害而无利的。该如何避免呢？

第一，把我们和孩子放在同一个"阵营"里。

俯视，是很多妈妈看孩子时所采用的姿势，而这样的姿势也势必会让我们产生这样的感觉：面前的孩子是弱小的，是不值一提的，是可以随意训斥的。假如我们把自己放在一个这么高的位置，那么势必不能理解孩子的情绪，尊重就更谈不上了。

所以，要懂得放下身段，将自己和孩子放在同一个"阵营"里，我们的共同名字叫"家人"。在保证长幼有序的前提下，在人格上和孩子保持平等，多蹲下来和他说话，有些事也可以让他知道；就算他犯了错误，也要心平气和地引导他思考错在哪里，怎样才是正确的，以及如何改正，这比吼叫、训斥他要有效得多。

第二，掌控自己的情绪，在孩子面前不失控。

很多妈妈的专制粗暴，都表现在无法好好控制情绪上。当然，这是一个

"循序渐进"的过程：起先会因为某件事很生气，接着就开始不断地数落，越数落可能会越生气，随着数落的声音不断变大，语气也开始变得更加"严肃"了。再往后，就会越发不能忍受，伴随着越来越大的火气，便是越来越大的声音，此时数落也就变成了训斥甚至苛责。更有的妈妈吼到最后，整个情绪都失控了，甚至会上去给孩子两巴掌。

像这种一旦发现孩子有什么问题，就暴跳如雷，显然不利于我们看清并解决问题。所以要避免专制粗暴，就要学着安抚自己想要吼叫的心，懂得控制自己的情绪。

要学会忍耐，要想到孩子不可能完美，出错、出状况都是必然的，所以别给孩子定那么高的标准。在他出现问题时，可以先远离他，深呼吸，在心里默默数几个数字，帮自己放松紧张的心情。只有慢慢冷静下来了，我们才会重新获得对自己情绪的掌控权，才能更理性、更有智慧地去思考问题，并找到更好的解决方法。

第三，及时为自己的粗暴专制行为向孩子道歉。

当然，要让原本就粗暴的妈妈忽然有所转变并不是一件很简单的事情，专制粗暴的行为在日常生活中也很难一下就完全避免。但即便如此，妈妈也应该及时为自己的粗暴专制行为向孩子表示歉意。同时也要告诉他，我们是爱他的，尽管态度有点粗暴，但希望他能变得更好；妈妈以后会改，会温柔地对待他，也请他监督。要让孩子明白，妈妈和他是一体的，是"命运共同体"，要一起成长，一起进步，一起遵守规矩，不让任何一方为对方劳心伤神。

3. 尊重孩子的成长规律，要懂得"慢养"孩子

在养育孩子方面，就当下的"教育形势"来看，绝大多数的妈妈似乎更偏向于"快养"，甚至是"超前养"。

从十月怀胎时，很多妈妈就迫不及待地开始胎教，有的更是中文、英文齐上阵，从数数到念诗，从播放各种类型胎教音乐，到自己给胎儿唱各种歌曲。

当然，这样说并不是否定胎教，而是说在胎教的内容上应该有所选择。比如，多听一点经典音乐、四书五经音频。的确，对孩子最好的教育，应该从生命孕育之初就开始，从胎教开始。中国的胎教始于3000多年前的西周时期。如果妈妈能在怀胎十月中十分注意自己的言行举止，做到像周文王的母亲太任怀孕时"目不视恶色，耳不听淫声，口不出傲言"（不善的东西、不好的东西，不看；不善的声音、言语、音乐，不听；不柔和、狂傲的话，不说），就能生出一个有德行、有智慧的聪明宝宝。从某种程度来讲，这样的孩子就已经赢在了起点。

等到孩子出生了，各种幼教又开始轮番上阵，希望孩子爬得比别人快，或者比别人直；待到孩子识数了、认字了，这种"快养"的节奏变得更快，于是一两岁的孩子开始学习幼儿园的知识，幼儿园的孩子开始接触小学的知识，等到孩子上了小学，又恨不得他立刻去学中学的知识。

有的妈妈甚至还会给孩子的超前学习立规矩，与孩子约定"经过××时间，就要达到××程度"，结果孩子便在这种并不合理的规矩下，不断地以一种超越自己能力的努力在奔跑。规矩也许会给孩子一个按部就班的学习计划，但是可能会忽略很多其他的东西。

表面看上去，孩子的超前学习似乎是表现出了好的效果。但有一个故事叫"揠苗助长"，忽略禾苗的生长规律，强迫把它拔高的养育方式，最终只能导致禾苗的枯死。孩子也和这禾苗一样，让他超前学习或者对他超前养育就是对他好吗？当然不是！

孩子的成长也是有规律的，在什么年龄学什么东西，到时候他自己就会对此有需要，即便我们不强迫，他也会主动去学。可是，如果逼着孩子去学不该他这个年龄学的东西，他会觉得吃力，因为他的理解能力还达不到；他也可能会觉得枯燥，因为他并没有这方面的学习需求，因此也就很难产生学习兴趣；他更可能会开始厌烦学习，因为要学习更多的知识，就意味着他的玩耍时间被大量侵占。如此一来，他的幸福去哪里了呢？由于成长规律被打乱，孩子获得的有可能是完全没有快乐感觉的童年。

我们以为快养会让孩子跑在别人前头，但是看看孩子这么多的负面情绪，我们还能确定他会跑在前头吗？当然，不排除有些孩子的确天赋异禀，即便不情愿，但他也能学会那些难懂的知识。可是，这样一来，新的问题又出现了。

一位教1年级的老师就说："班上总有那么几个孩子，学习成绩非常好，但是并不那么招人喜欢。因为他们在上学前就已经把1年级该学的知识都学完了，有的甚至连3年级的知识都学了许多了。所以，这样的孩子上课不好好听讲，总是讲话、捣乱，而且很看不起那些成绩不好的同学，他们对学校也似乎没有那么大的兴趣。相比较而言，我更喜欢那些求知若渴的孩子，他们会很认真，尽管会出错，但是我心甘情愿去给他们纠错，而他们每学会一样东西都会非常兴奋，他们的学校生活非常愉快。"

提前教养，打乱了孩子原本该兴奋的学校生活，也破坏了他对知识的求知欲望。也就是说，家庭的教育与学校的教育脱节了，可能就很难获得良好的整体教育效果。孩子在学校学不到东西，在家却又被要求学习很多超前的东西，这对各方面能力并不完善的孩子来说是很危险的，很可能使他陷入一种学习混乱中：要么是不知道该学什么，要么是因为自己学得多了而开始骄傲自满、放弃学习。

说了这么多，无非就是想要提醒做妈妈的一句，别太着急，孩子的成长在于每一天甚至每一分钟。只要我们安下心来，踏实地按照孩子的成长规律去走，孩子也就会用他每天一点一滴的进步不断给我们带来惊喜。

若要慢养，我们首先要了解孩子的个性特点。有的孩子爱着急，有的孩子很稳重，了解了他们的个性特点，再去安排学习方式和内容，才能更适合孩子。

同时，我们要能忍受孩子在成长过程中的磕磕绊绊。学不会，搞错了，记不住，完全忘掉……这些都可能是孩子成长中出现的问题，所以别那么着急，慢慢来，孩子开窍可能就在一瞬间。

当然，慢养也不是让我们真的放手不管，任由他自己慢慢摸索，该提醒的也要提醒，该指导的也要指导，只要孩子愿意学，那么就要满足他想要成长的愿望。

十年树木，百年树人。教育孩子需要慢功夫，急不得，所以做妈妈的千万不要急功近利，不要急着跟别人的孩子比较，要给自己的孩子成长的时间。

慢养孩子，静待花开！

当然，也要给自己成长的时间，让自己好好学习，天天进步！

4. 学会倾听孩子，他在表达自己时不要试图去打断他

当孩子牙牙学语时，我们会期望听到他的声音，而且还会很认真地去听，就算他无意识地发出了一个音节，哪怕那个音还很难分辨出是什么字，我们也会很开心，为他能开口说话而开心。

当孩子终于能完整地说话，能慢慢地表达他的意图时，我们更是非常高兴的，因为再也不用猜他在说什么了。而且随着他越说越流利，我们也会为他能清楚地表达而感到开心。

可是，当孩子渐渐有了自己的思想，不再只是跟着我们后面重复或者不

再只是顺从地按照我们说的去做的时候,我们就开始头疼了。因为此时孩子说出来的内容,可能就会带着强烈的自我意识:他会发表自己的意见,会有自己的决定,可能已经开始反抗,已经开始和我们顶嘴,已经开始不再听话。

而越到这时,我们的耐心也就越有限,当孩子一开口,我们可能就会阻止他,因为不想听到他说出我们不愿意听到的话。我们阻止他的另外一个原因,是认为他说的内容并不是那么有价值。

比如,孩子丰富的想象力会让他说出来的话完全没有任何根据,而为了达到自己的目的,他可能会夸大事实或者撒谎。

但是,在别人说话时直接打断,这本身就是一个很不礼貌的行为,可我们似乎对此并不在意。当孩子开口时,甚至他还没有要说什么令人不快的话语时,我们就已经先入为主地认为他会说出不好的话来,于是便直接阻止了他的发言。

被打断的孩子或者被直接要求"闭嘴"的孩子,内心会非常不愉快。想想看,原本在嘴边的话却非憋着不能说,任谁都会感觉不舒服。觉得不舒服的孩子最开始也许会有抱怨,可时间久了他可能就会觉得自己的话并不重要,以后便再也不愿意和我们多说,我们便可能就此失去了聆听他内心声音的机会,失去了了解他思想成长的机会。日后当我们再想要和孩子有言语上的交流时,就会变得非常困难了。到那时,可能我们怎么问他都不说,可能我们说什么,他也不会在意。

有的妈妈觉得这就是孩子在闹脾气,但事实并非如此,正是我们对他的不尊重才导致他放弃了自己的发言权。那么这个问题该怎么解决?

有的妈妈会想到立规矩,但是该怎么立这个规矩?直接以规矩去约束孩子吗?又或者是我们妥协?简单地去规定某些内容可能会导致孩子不愿意遵守规矩。所以,不妨以尊重为前提,试着给自己立点规矩,让孩子感受到我们的改变。当我们在一件事上有规矩了，改变了，孩子自然也会改变，变得有规矩。教育其实就是以生命影响生命，身教重于言传。

第一，自始至终都要允许孩子把话说完。

孩子能表达是一件多么美妙的事情，从此他不会再盲从，因为他开始思考，他开始有自己的意见，这样的孩子是有主见的。尽管他会说错，尽管他会说得很无理，但是他的表达能力以及自主意识却会在不断地开口中得到发展。

所以，要一直保持这种尊重，从他刚开始开口时，就要允许他说，到他有了自己的思想时，更要给他机会说。尊重孩子的每一次发言，尊重他的每一句话。说得通俗一点，就是别和一个孩子计较太多，要理解他的思维不缜密，要理解他可能出现的词不达意。当我们尊重他时，他自然也就会尊重我们所说的话。

第二，耐心用两种思维考虑孩子说的话。

这里所说的两种思维，是指孩子的思维和成年人的思维。

使用孩子的思维，是为了体会他说这些话的心情。顺着孩子的思路去思考，我们将能更好地体会到他到底想要表达什么，他为什么要这样说，以及他说这样的话在期待一个怎样的结果。使用孩子的思维会让我们更贴近他，从而避免彼此的不理解。

而使用成年人的思维，则是要我们用更理性的思考去对待他的话语内容，可以结合孩子的思维，想想他的意图将会对他产生怎样的影响，他这样说对于某件事又将有怎样的影响，他最终要追求的是不是合理的，是不是我们可以接受的。

两种思维的结合思考，其实并不是那么困难，也许就在一瞬间，毕竟我们的判断力要强于孩子。只要能有足够的耐心，让他说完，那么我们就可以做出准确的判断。

第三，慎用"你闭嘴"，多说"请继续"。

平时孩子一开口，我们可能就会毫不犹豫地说"闭嘴"。不要这样，先听听他要说什么，别一上来就阻止他。当然，如果他说得的确不对或者不好，那么此时倒是可以说一句"先停一下，我希望你解释清楚你的话，然后再继续"。这样的表达只代表我们想要进一步了解他的想法，而那个"再继续"也代表我们尊重了他的话语权，孩子也就不会反抗得那么厉害了。

5. 尊重也要掌握一定的原则，灵活切勿死板

在思考某件事的时候，有些人会出现顾此失彼的情况，可能只顾着眼前，却忽略了很多潜在的因素。在尊重这个问题上也是如此。

比如，只记得要尊重他人，但是那个人本身就已经在出言不逊，或者已经在耍无赖，甚至是在伤害别人了，如果还是对其听之任之，采取所谓的"尊重"态度，那么这时的尊重便是一种纵容。

尊重一定要有原则，对那些触及原则底线的表现，该拒绝的也一定要表现出拒绝的姿态来。

对待孩子也需要这样的态度。虽然说我们需要包容孩子，不管怎样都应该爱他，但是这都是以做人原则为基础的，在这个基础上的尊重才是合理的。

但是说到原则，可能又会出现不好掌握的情况。怎样的原则才算是正常的？有些妈妈会将原则与规矩挂钩，认为规矩的内容就是原则。如果有些规矩很苛刻，那就成了对孩子的限制，过于严厉的束缚反而让他感觉手脚都伸展不开了。

同时，在培养孩子尊重他人时，他又该掌握怎样的原则？他是不是能真的做到对他人的尊重？这也是我们需要好好考虑的。所以，关于尊重方面的

规矩，需要在弄清楚原则之后，再去订立合理的规矩内容。

第一，给孩子讲讲若要得到他人的尊重该如何做。

如果要得到他人的尊重，孩子就要好好检查一下自己，是不是有礼貌，是不是很谦逊，是不是能正确地表达自己，自己的行为有没有妨碍到他人，等等。即便是面对父母，孩子也要保持这样的态度。在和父母说话时，也要有尊重的态度，不要和父母顶嘴，不能出言不逊令父母伤心，更不能故意气父母，等等。

第二，对于孩子违背原则的表现要有明确的态度。

假如孩子真的做出了违背原则的举动，那么我们的态度也要明确一些，可以严肃地告诉他这样的行为是不被允许的，而且他的行为已经让我们感到了不愉快。不过态度虽然明确而严肃，却并不意味着要我们去严厉地训斥孩子，打骂就更不行了。只需要提醒他，他的行为是不合适的，如果他一直都是这样表现，那么他不仅无法从我们这里获得应有的尊重，而且也可能会让其他人对他没有好感。

当然，除了直接、严肃、明确地告知孩子，也可以通过严肃的眼神、表情，或者是摆手、摇头这样的动作来提醒他，无声的提示有时候比有声的提醒更有效。

第三，提醒孩子要注意分辨他人的行为是否得当。

在表现出有原则地尊重孩子的同时，也要让孩子注意分辨一下他人的行为是不是得当，得当自然要尊重，不当自然要慎重。可以从以前所提到过的或者孩子自己做过的不值得尊重的事入手，如果对方也有类似表现，那么孩子基本就可以判断对方的这种表现不值得尊重。

同时，孩子也可以就此进行联想或者推断，假如对方做了令人感到很不愉快的事情，那么这个人的这种行为是不是还值得他去尊重。

第四，告诉孩子，尊重要讲原则，但又灵活多变。

尊重当然有原则，但又不惟原则，是灵活的，不是死板的，要教孩子懂得通权达变。

不过说到底，世间的一切人、事、物都值得尊重，也就是要让孩子从小就有一颗尊重万事万物的心，即便爱憎分明，也应有一颗包容之心。不要抱怨不好的、阴暗的事物，而是把这些当成自己的"老师"，做到"有则改之，无则加勉"，不与任何人、事、物对立，心就是宁静的，世界就是安定的，那人生也一定是幸福的。从某种程度上讲，这也是为人处事的一种规矩。

6. 5个规矩教会孩子尊重他人，让他好好与人相处

人与人之间的交往，都是建立在尊重的基础上的，有了尊重，人们彼此间的沟通和共事才不会起冲突，而且遇到问题也更容易彼此商量。但是在很多人那里，这种彼此尊重只不过是一种幻想罢了。人们在交往中，常常更多地考虑自己，不知不觉中就会只顾着维护自己，却对他人产生了伤害。

在这一点上，孩子表现得尤为明显。孩子的不成熟使他们暂时还没办法将他人和自己平衡起来，再加上现在大部分孩子都是独生子女，因此要他们能多从别人的角度考虑问题并不容易。但是，孩子不可能一直孤独一人，他势必要和人共处，那么一些关于尊重他人的规矩就需要让他好好学习一下。

以下5个规矩能教孩子学会尊重他人，可助孩子与他人友好相处一臂之力。

第一，不伤害别人，害人心亦不可有。

这是一个与他人相处最基本的原则。人们在一起，最起码要一起过得和谐，最好一起感受到快乐。不管怎样都不能伤害他人，不管是语言还是行为都要有分寸。

孩子一般会习惯口无遮拦，所以这一点我们要格外提醒他。直率虽然是

好的，可是有些话也不能想说就说：别人的短处，不要轻易就揭露出来；别人的难过心事，也不要随便就讲出来；讽刺、谩骂这样的话语就更要谨慎了；不要严厉地指责他人，即便对方有错，说的话也要给对方留有一定的余地。

行为也是一样。有的孩子在言语表达不清的时候可能会加上一些动作，但是他的动作也许就会因为有些过火而使他人感到不快。尤其是当孩子生气甚至是发怒的时候，他甚至会对对方拳打脚踢，这样的行为就会给对方造成极大的伤害。

所以不管怎样，孩子都要控制好自己的话语，控制好自己的行为，在不伤害他人的前提下，他才可能与他人有更进一步的相互了解。

关键的一点，是连害人的心都不要有。一念善，人生一分顺意；一念恶，人生十分阻力。己心善，方能真正与人为善。

第二，尊重别人说"不"的权利。

也许是孩子"唯我独尊"惯了，所以他在某些时候会很不情愿听见对方说"不"。无论是拒绝他的要求，还是回绝他的邀请，一个"不"字可能都会让孩子觉得自己被违逆了，被他人无视了。于是，为了发泄这种被违逆、无视的不满，有的孩子可能就会用粗暴的态度去对待他人。

也许他没有恶意，只是希望自己能获得认可，但是他的方式错了。我们要帮他平衡自己与他人的关系，帮助他认识到自己和他人是平等的，如果他不愿意受到他人的要求的制约，那么他人也同样不喜欢这种状态。

所以，孩子要学会换位思考，要考虑到对方的感觉，这样他就不会因为对方的"不"而感到不愉快了。同时，也可以提醒他，对方说"不"并没有太多别的意思，可能只是单纯不喜欢那个要求或那种行为，所以没必要为此感到难过。

第三，尊重大家需要共同遵守的规则。

还是那句话，也许是孩子在家习惯了当"小霸王"，所以对于一些一般规则他可能就毫不理会。但是，既然是一般的规则，也就意味着所有人都要遵守，这样才能保证我们日常生活的正常秩序。如果孩子不遵守这些规则，在别人眼中他就只是个不懂规矩的孩子。

第四，要能大方地接受与他人的离别。

孩子的感情都是简单而纯粹的，对于有人从他身边离开这件事，他可能会觉得难以忍受。有的孩子会任性地要求别人不要走，甚至命令对方不能离开。这就是很霸道的表现了。每个人都是自由的，没有谁能要求别人必须在自己身边。孩子也应该学会尊重对方自由离开的权利。

如果孩子无法从这个打击中走出来，我们可以这样劝劝他："你的朋友不是永远不见了，以后如果你想他了，可以去找他。再说，他离开后也会想着你，就像你现在在想着他一样。而且，别人也一样可以成为你的朋友，你的朋友会越来越多，你并不会孤单。"

第五，尊重他人的原则、界线与底线。

除了那些大众都会遵守的规则，很多人可能也会有自己的原则、界线与底线。比如，有人会设定一个原则，说话内容不能涉及他的家人，一旦涉及，就会立刻转移话题。对于类似这样的个人原则，孩子也要学着去尊重。在和他人交往时，孩子不能只图自己的一时口快，尤其是在了解他人底线的时候，言行举止不要突破对方的底线。

总之，在与人交往方面，要教孩子尽早做到"敬而无失，与人恭而有礼"，这样，即使他走遍世界，也都是"四海之内皆兄弟也"的局面。

第七章
正确解读孩子的行为，跟他有个约定

有时候孩子的行为是我们很难预料、无法猜透的。可能他表现出来的是某种行为，但其内心却是另外一种想法。所以，如果孩子的行为不妥当，我们先不要着急，要在正确解读的基础上，再通过和他立规矩、做约定，帮他去除那些不理智的行为。

1. 顶嘴——这真的是孩子挑衅父母的行为吗

顶嘴、不礼貌地大声争辩、用言语冲撞对方，都是小辈对长辈不礼貌的行为。当孩子开始有了自己的思想后，他顶嘴的次数便随之增多了。我们通常都会对孩子的顶嘴行为感到生气，有时候可能还会因此训斥他。因为在我们看来，孩子顶嘴的行为，多多少少都挑战了父母的某些底线，他这么明显的挑衅行为，难道我们还不应该予以教育吗？

但事实真的如此吗？难道只要是孩子顶嘴便意味着他是不对的吗？当然不是。

其实对于不同年龄段的孩子来说，顶嘴可能有着不同的意义，并不完全都是他不尊重人的表现。

比如，3岁的孩子，他顶嘴可能只是在发表自己的意见，只是为了能让我们知道他到底是怎么想的；而4岁的孩子也许就是在试试自己到底能不能说得过父母；至于5岁的孩子，也许只是想要利用顶嘴来获得我们对他的关注而已；等孩子到了6岁，他关注的可能是自己的语言又会有怎样的效能……

也就是说，孩子并没有将顶嘴这件事看得多么了不起，他只是在凭借这样一种行为来检查自己的成长。可能在他看来这样做并没有什么不好与不对，觉得这很自然。

而我们可能只不过是用成年人先入为主的思想，自以为是地猜测孩子的顶嘴行为，但我们的猜测可能就是错误的。所以，不要那么直接就断定孩子的顶嘴就是在挑衅，不如好好判断一下，并通过立规矩的方式，来约束他不算合理的顶嘴。

第一，多看看我们自己的行为。

其实孩子之所以会顶嘴，多半并不是他故意找茬，而是我们的反应过激。所以，孩子顶嘴了，别只顾着说孩子不懂事，多看看我们自己，我们是不是因为某件事出现了过激反应？是不是说了一些过分绝对的话？是不是对孩子做出了不理智的判断？当我们能妥善处理自己的行为时，孩子的顶嘴行为可能就会减少。

第二，对孩子的顶嘴行为进行冷处理。

顶嘴的当下，孩子多处于一种情绪亢奋状态，此时，我们的最佳做法应该是和他保持一定的距离，不要再去回应他，给彼此一个冷静的时间。而在这个过程中，我们要学着控制自己的愤怒情绪，别再想太多孩子刚才说了什么，而是要转身去做做别的事情，转移一下注意力，重新理顺一下自己的思路，利用这段冷静时间来想想下一步该如何做。

第三，认真听一听孩子顶嘴的内容。

如果孩子顶了嘴，实际上就代表他对我们所说的内容，或者是对某件事持有不同的意见，只不过他的表达显得有些激烈罢了。那么我们此时可以适当转移一下关注的重点，别太在意他用了怎样的表达，而是要多关注他到底表达了什么内容。仔细体会一下他到底为什么在顶嘴，他希望维护怎样的权益。这会有助于我们在接下来的时间更有效地解决问题。

第四，不要计较孩子激烈的言辞。

既然是顶嘴，孩子当然不会是和颜悦色的，他可能会变得口无遮拦，也许还会一张嘴就是"我恨你"。对这样的言辞，别太在意，不要去计较。只是我们此时可不要像他那样也变得口无遮拦起来，我们一定要控制好自己的冲动，尤其是不要顺着孩子的话往下接。

要记住我们是成年人，我们应该更为理智。尽管孩子说了过激的话，但这只代表他这时候的心情，并不是他的本意。若要提醒他不要用这样的语言，也要选择在他冷静之后再说。

第五，等一切过去后再去处理中心问题。

不管是怎样的言语对战，总有平静的时候，即便孩子在顶嘴，但是一两句之后发现我们的严肃冷处理，他也会慢慢安静下来。等到我们彼此都平静了，才是解决问题的最好时机。可以和孩子聊一聊，彼此沟通一下想法，问一问他需要我们用怎样的表达方式，了解一下他对某件事有怎样的看法，然后再和颜悦色地讲出我们的想法。

在这个过程中，我们要表现出对孩子感受的尊重，好好地听他说，不打断，不反驳，不再次挑起对战，这样孩子也会觉得自己受到了尊重，也许还会反思自己刚才的顶嘴行为。

第六，和孩子约定使用正确的方式表达情绪。

顶嘴不对，那么怎么做才对？在经历了上面一系列的动作之后，我们还要告诉孩子该如何表达他的情绪。比如，他可以说出他的全部想法，可以告诉我们他感觉很难过。如果他很生气，那么暂时可以不说话，等到不那么生气了再来和我们说。

我们可以与孩子立一个约定，如果他能好好说话，那么我们就认真听；如果他总是顶嘴，那么我们就只能等他冷静之后再听他说了。

2. 冲动——孩子大发脾气其实也没有什么大不了的

雷默·拉尔戈教授将类似于发脾气、挑衅这样的冲动行为称作"常见于儿童的（教育）危机"，他的这一观点在 2～4 岁的孩子身上非常适用。这个年龄段的孩子很多都会化身为"小炮仗"，一点就着，动不动就发火。

面对面红耳赤的小脸，听着那可能很是尖锐的言辞，很多妈妈会变得很不淡定，也许会觉得这孩子怎么脾气这么暴躁。往往在这个时候，有的妈妈可能就会感慨道："唉，怎么别人家的孩子都那么乖巧，我家的就这么暴躁呢？"

虽然按照拉尔戈教授的说法，孩子出现大发脾气的现象是常见的，但是这其实也可以算做是一种成长危机。假如不及时克服，任由其继续发展，那么孩子的暴躁脾气将会变成习惯。他会越来越不能好好控制自己的脾气，从而可能形成影响他一生的暴躁性格。

其实孩子大发脾气没有那么令人不可理解，可以试试下面这三步。

第一步，分析一下到底是什么让这么小的孩子如此愤怒。

孩子可能因为各种原因而愤怒，比如，我们对他能力的不信任，或者逼迫他做不愿意做的事情，或者有的孩子是在跟自己较劲，一做不好就会着急生气。

如果这样来看，孩子发脾气其实恰恰是在反映他某些方面的发展，他在用自己的思维去理解事物，在用自己的方式去解决问题，他在尝试，想要看看自己到底能做到什么地步。

越是这时候，我们越应该体谅孩子。他可能还不能清楚地将自己的这种感受表达出来，也做不到去体谅我们，他只不过是在用自己的眼睛去观察。所以我们要理解他的激动，平静地观察，发现他愤怒的根源，这也许会有利于我们用更合适的方法应对他的愤怒。

第二步，不要对孩子的大发脾气过度关注。

有些孩子发脾气其实是在博得关注，假如我们真的应了他，那么他可能就会发现，原来发脾气也能受关注。这是个很不好的习惯，我们要从根儿上去纠正它。

首先，孩子如果发了脾气，我们不要上前去承受他的脾气，因为他发脾气一定是有原因的，我们不能照单全收，更不要觉得内疚，也不要让孩子的脾气伤害到我们。当然，可以给他一些安慰，表示可以接受他的怒气，并且理解他的怒气，这可能会让他感觉好过一些。

接下来，就不要再有更多的安慰了，尤其是不要加入吼叫、责骂，也别说得太多，而是要等待他自己安静。如果他安静下来了，那么我们就可以给他一个拥抱，表示肯定他的自我控制。

第三步，适当对孩子采取"暂停"的惩罚手段。

孩子的脾气一旦起来，就势必要闹一阵子。有些孩子尽管已经过了4岁，但是可能依然脾气暴躁，如果他太过于无理取闹，那就给他一些适当的惩罚。比如，暂停他手中的一切活动，让他自己单独待着，直到他安静下来。当然这期间我们要保证孩子的安全与健康，也要保证他不会破坏别的东西或者伤害其他人。

当孩子安静下来时，我们可以告诉他，发脾气也解决不了问题，这个惩罚是为了让他学会安静。接着，也可以再找一些简单的方法来教他保持平静，比如深呼吸，比如多和爸爸妈妈说一说，等等。

经历了这样的三步之后，我们就该对孩子的发脾气有一个基本的了解以及处理方案了。在这之后，再根据孩子发脾气的原因以及我们可选择的处理方法来立一个"不要随便发脾气"的规矩，孩子和我们都能更容易地遵守这个规矩。

3. 攻击——咬人、打人、踢人……发现背后的原因

同发脾气一样，孩子在 3 岁以前会有各种攻击行为。当然，这时的孩子并不知道自己的攻击可能会让别人感到疼痛，或者是让他人感到很不舒服。

不过，孩子绝对不会无缘无故就去攻击别人，尽管他难以很好地控制自己的情绪，但他出现这些异常的表现终归是有原因的，这就需要我们去发现他出现攻击行为背后的原因。

其实两三岁的孩子并不知道他的这些行为是攻击。他可能会踢人、咬人，要不就伸出小手抓人，但如果他不知道这些动作是会伤害他人的攻击行为，那么我们就不能说孩子这时候是带着恶意去攻击他人。这些行为可能有独特的含义，也许孩子只不过是想知道自己的这种行为会引发他人什么样的反应。

比如，一个孩子咬了别的孩子，他此时的想法可能只是"我只是想看看他会有什么反应"，如果对方大声喊叫甚至是哭了起来，那么孩子的内心就会清楚"原来这样做真的会有什么事发生"。假如此时我们或者其他成年人再跑过来有什么其他的表示，那么孩子反而可能会兴奋起来，他会发现自己的这个行为原来真的如此引人关注。

事实上，孩子的尝试心理是我们无法预料的，他可能会在任何时候去尝试任何东西，而他一旦决定了，也许就会有所行动。因为他无法更好地使用

语言表达，所以他便只能用手脚或口的动作来表现了。

当然，除了尝试心理，他出现这种踢打咬人的行为还有可能是因为他在生气，或者是很沮丧，那么他的这种行为可能就是他发脾气的一种延续，其目的不过是想要让自己的情绪得到宣泄，并希望能借此达到自己的目的而已。

只有了解这些原因，才能给孩子的攻击行为下结论。根据这些结论再去和孩子约定不要随意攻击他人，这个约定才能更有效果。不过，在执行约定的过程中，我们也需要注意以下几点。

第一，别因为孩子的攻击行为而上火。

年龄小的孩子不可能会有恶意攻击的行为，年龄大一些的孩子则一定是在某种原因驱使下才有这样的行为。既然知道了原因，那就不要再对孩子的攻击有什么太过强烈的反应了，最好保持平静，完全可以拿出之前的约定来约束孩子。

第二，合理地制止孩子的不当行为。

前面我们说要冷静，这当然不是说可以不理会孩子的攻击行为，相反的，还要赶紧制止他的行为。只不过，制止要果断迅速，别用哄劝的方式，最好直接就将孩子带离攻击对象，并且要明确表示我们并不喜欢他的这种行为，还要告诉他这是一种错误行为。假如他不听话依然继续，那就让他自己一个人待一会儿吧。

但是，这应该是一个平静友好的过程，我们不能太过严厉地训斥，也别用哀求的语气，正常表达我们的想法，简单明了地说出那些话就可以了。

第三，给孩子一些适当的关注。

不管怎样，都不要放弃对孩子的关注。当孩子在身边时，我们可以时不时地对他的行为有一些询问或夸奖，让他感觉自己是处在被关注之中。如果他询问或者征求我们的意见了，最好是给他一个回应。

有的妈妈总说自己很忙,无暇顾及孩子。千万别这样。如果某段时间忙,那就告诉孩子自己忙,但过后就要好好地和他做一些互动。让孩子知道我们即便忙也依然是在关注着他,这会减少孩子那种因为没有被关注而产生的失落感。

第四,帮孩子练习怎样表达友好。

攻击行为终究是错误的,所以别让孩子在不知不觉中养成这样的坏习惯,平时该教他学会表达友好,并让他多做练习。比如,教他学习用抚摸别人的头发代替揪头发的动作,鼓励他用轻轻地握手代替抓挠,引导他学会用轮流行动代替争抢,等等。

可以给他做一些示范,然后鼓励他模仿我们。

另外,也要和他约定好,如果他有了友好表现,那么他就会受到表扬,否则他可能就会受到一些小惩罚。

4. 诅咒——骂人、说脏话……可能他正处在敏感期

幸福是一个温馨的词,而诅咒显然是与幸福不沾边的。可是,在最初并不明白诅咒的含义时,孩子会认为自己说什么都行,只要他觉得快乐,那他就会有幸福感。这样的幸福感显然是错误的,要帮他远离这种"建立在他人难过基础上的幸福"。

但是,孩子的诅咒与成年人的诅咒又是不同的,我们显然不能直接就判定孩子的诅咒是带有恶意的。在孩子身上,这个问题也要分阶段来看。

对于那些已经具备足够的自我意识,并且也很清楚自己在做什么的大孩子来说,诅咒是与发脾气、攻击行为并行的,可能就是他的语言进攻。当他正好处于愤怒、沮丧的极端状态时,他可能就会说出很让人难以接受的话。

而另一种情况,则是指孩子在三四岁时,会经历一个诅咒敏感期。处于

这个敏感期的孩子会通过模仿来学到一些诅咒的语言，进而在各种场合下都可能说出来。而他的目的也很单纯，只是为了好玩，或者为了看看这种话会产生怎样的效果。

所以当孩子说出"你是坏蛋""打死你"之类的话时，就需要判断一下当时的情况。对于不同年龄段的孩子，采取的处理方法也应该是不同的。

对于三四岁的孩子，诅咒敏感期的出现会让他将这样一种话语当成好玩的玩具，他会在任何情况下说出这些话，但是他没有任何的恶意，所以别因此就觉得孩子这是学坏了。

此时，不能表现得太过惊讶或愤怒，否则孩子会根据我们的反应做出判断，认为这种能引发妈妈巨大反应的行为是个很有意思的游戏，以后他可能就会说出更多的诅咒语言。

所以，这时可以不予理睬，如果他只是觉得好玩或者只是模仿，就不要给他过分的关注。时间长了，当他发现这些话无法引起我们的反应时，自然也会逐渐放弃这种不恰当的表达。

当然，此时的孩子已经可以明白一些道理了，我们也可以平静地告诉他，这些话不是好话，我们并不爱听，别人也不愿意听，所以他最好不要模仿。

而为了防止孩子模仿，平时我们自己讲话就要文明，即便是成年人之间的对话，也要有分寸，尤其是孩子在场时，不要开口闭口总是冒出不文明的语言来。有些电视剧或电影中，可能也会有这样的话语，我们也要注意甄选，尽量不要让孩子接触到这些不文明的话语。

对于年龄稍大一些的孩子，他的语言攻击应该都是有意识的，针对性也会非常强。此时要多关注他为什么会冒出这样的话语来，要了解他产生这种极端愤怒情绪的真正原因。同时，我们也要理解他的愤怒情绪，但是要将他关注的中心转移到怎样解决问题上来。

对于他的诅咒，此时先不要忙着纠正，等到他平静下来后，可以告诉他我们理解他的心情，但是因为生气而去诅咒他人却并不是理智的选择，他可以发泄一下，比如大吼，但是诅咒他人却是无能的表现。他应该去思考导致这个问题的原因，想想该怎样化解彼此之间的矛盾，少一些斤斤计较，多一些微笑与宽容，这才是他与人交往的最好法宝。

此时就是使用约定的最好时机，可以和他约定好，与他人交往时要多表达善意、友爱，不能随便就诅咒骂人。如果他能有礼貌地去表达自己的想法，那他就可以得到表扬；相反，如果他依旧只为了发泄情绪就去诅咒，除了批评之外，他还要接受约定中规定好的惩罚。

虽然有约定可以使用，但我们自己也要给孩子做出榜样。比如，在处理各种不和谐的事情时，要注意控制自己的情绪，保持自己的理智，不要一时气急，张嘴就骂；比如，绝对不能当着孩子的面去数落甚至诅咒任何人，别给他塑造任何糟糕的负面形象。要多思考，多检查自身，创建一个文明的家庭氛围，让孩子也成长为一个文明的人。

5. 撒娇——正确解读，并接受孩子的这种行为

撒娇几乎是孩子的一种天性，2～4岁的孩子尤其爱撒娇，女孩更是明显。其普遍的表现都是哼哼唧唧，要哭不哭，对妈妈抱手缠脚，说话也拖着长腔，还故意吐字不清，反复提出某个要求，不是扭动着身体就是要求妈妈给予拥抱。

撒娇对于小孩子来说，原本可以算是一种很重要的心理营养，通过撒娇，他会从我们这里得到更多的爱与温暖。但是，如果撒娇太过频繁，也是一个问题。

孩子撒娇的目的，无外乎也就那么几种：生病的时候，他会想要通过撒

娇来获得妈妈更多的关爱；睡觉前的撒娇，可能是想要争取再玩一会儿，而刚睡醒时的撒娇，也许就是想要继续赖床；想要某样东西或者想去某个地方的时候，他希望通过撒娇来获得我们的同意；有些孩子在刚到陌生环境时也会撒娇，此时他可能是利用撒娇来表达他不开心或者害怕新环境的心情；有时候孩子生气了也会"撒娇"，而这时的"娇"可能就有些大了，也许他会变得蛮横无理，刁蛮任性的样子着实让人头疼。

事实上，孩子爱撒娇与他身边的成年人的态度密切相关。如果平时就对孩子宠爱有加，动不动就夸奖，动不动就对他表达宠爱之情，对他娇惯不已，那么他自然就会娇宠成性。而为了获得更多的爱抚与关注，孩子也会变得依赖撒娇，甚至是有事没事就哭，动不动就发发小脾气。

除了我们的原因，也有很大一部分原因在孩子身上。由于小孩子的认知能力与自我控制能力有限，很容易冲动，有一点点的委屈或者不满，他也会用这种很"热烈"的方式表达出来。

还有的孩子则是感觉自己缺乏父母的关爱。也许是我们的一些严厉要求让他感觉不舒服，或者是我们的训斥让他觉得很难过，为了能获得以前的那种被关爱的感觉，他也会采用撒娇的手段。

当然，孩子撒娇还有另外一种情况，那就是他并没有学会直截了当地提出自己的要求，所以一遇到问题他就只能用哭闹来表达自己的情绪。

正确理解孩子的撒娇，然后再去订立与撒娇有关的规矩，就不会因为不理解而出现强迫式的规矩内容了。这时，关于不撒娇的规矩，就要根据孩子的实际情况来订立。不过，要让孩子把这个规矩很好地遵守下去，需要我们注意以下一些问题。

第一，判断孩子撒娇的真正性质，并理智对待。

有的孩子真的是因为身体不舒服而耍一下赖，还有的孩子是因为自己的正常生活习惯受到了外界的干扰，导致他感觉不舒服，所以才会撒娇。对于这种因为生理节律周期受到影响而产生的撒娇，完全可以接纳，适当地安抚和鼓励才是正确的处理方式。

另外，孩子因为长时间未见父母或者感觉自己很开心的时候，可能也会用撒娇来表达，这时我们不妨就享受一下他的撒娇。因为这是他与我们的一种情感交流方式，这时孩子的态度往往都是比较温和的，多半也是正常的，所以体会一下也无妨。

而有的孩子则不然，一遇到不顺心的事情他就会不讲道理、故意发脾气撒娇，对于这样的撒娇我们就要及时对其进行教育，不要听之任之，要给他讲清楚他的这种行为是不被允许的，并引导他改正。

第二，不要随自己的情绪去应对孩子撒娇。

有的妈妈自己高兴的时候，孩子怎么撒娇都没关系；可是一旦心情不好了，可能就会立刻把孩子一把推开，并且大吼大叫、严厉指责甚至斥骂他的撒娇行为。

这种矛盾的表现会让孩子感觉捉摸不透，也会让他对妈妈产生一种恐惧心理，因为他不知道我们什么时候高兴什么时候不高兴，所以他每天只能小心翼翼地去猜测判断。这样下去的结果，可能是让孩子变得越发爱撒娇，尤其是在妈妈心情好的时候，他恨不得能时时刻刻都在撒娇，以满足自己的各种心愿。

第三，理解孩子的情感世界。

每个孩子撒娇的原因都是不同的，不同个性的孩子也会在不同的事情上出现撒娇行为。所以还是要回归到孩子身上去，多了解他的情感变化，看看他到底是怎样表达自己的情绪的，只有确定孩子情绪表达的方式与动机，才能更好地理解他的各种撒娇行为。

第四，引导孩子远离不必要的撒娇。

不管怎样，不合适的撒娇并不能让孩子的问题得到解决，这时就需要用恰当的引导来让他远离不必要的撒娇。

比如，孩子对某个问题就是不好好说，扭扭捏捏、吞吞吐吐，妄图蒙混过关，我们则可以来个明知故问，"你要说什么？好好说，否则我听不懂"，或者说"如果你总哭，我怎么能听得清楚呢"等。可以一直问，直到孩子能清楚地将他想要表达的意思说出来，这时就可以告诉他："原来你要说这个意思啊，我知道了，我还是喜欢你这样明白地说出来。"如此一来，孩子就能明白我们喜欢他以怎样的方式来表达了。

下篇

不吼不叫给孩子立规矩，也要讲究技巧

给孩子立规矩也是很讲究技巧的。立规矩，需要妈妈能掌控自己的情绪，做到不吼不叫，这样才会更让孩子信服，他会感觉妈妈有理性，而不是被情绪所控制，而他自己也会受到感染，让自己具备强大的自控力；立规矩，不同于下命令，规矩是要让孩子心甘情愿地去遵守的，要敢于放手，要给予他适度的自由；立规矩，当然也不是苦口婆心地劝说、无原则地退步跟他商量，而是要孩子在规矩的约束下，去做他应该做的事，表扬与批评一个都不能少，还要有"强势"管教……这说明，立规矩除了不吼不叫外，还需要有技巧。如此，孩子对规矩也就越容易接受，也越能主动遵守。良好的规矩会让孩子拥有安全感与幸福感兼具的生活。

第八章
给孩子立规矩，就要放手让他自己走

有的妈妈认为，立规矩就是为了看着孩子，控制孩子。因为一离开我们的视线，孩子可能就不遵守规矩了。事实上，这样想是不妥当的。立规矩，是让孩子更好地成长，而成长之路需要孩子自己走。所以，我们应该放开孩子的手，这会让他走得更稳，成长得更快。

1. 让孩子自己承担过失，给他一点小惩罚

犯错对于孩子来说就是家常便饭，而处理孩子的错误行为，似乎也成了很多妈妈的家常便饭。

比如，孩子在家疯跑，把花瓶碰倒摔碎了，对此我们先是愤怒，接着就是一顿训斥，甚至可能会给孩子来两巴掌。但这之后，似乎就没有孩子的事了，剩下的打扫清理都是由我们来完成的。

又比如，孩子在外面和别的孩子起了冲突，我们风风火火地赶过去，自己不住地赔礼道歉，却将孩子护在身后，并对对方说："全是我们管教不力，他还小，不懂事。"

还有更夸张一些的，就是孩子已经犯了罪，父母却包庇维护，甚至替他顶罪。类似这样的新闻报道屡见不鲜。

很多妈妈将自己的这种行为归结于一个"爱"字，但是这种表达爱的方式显然偏离了方向。也许在孩子做错的这件事上我们也曾经和他立过规矩，但是这个规矩也许并不妥当。可能我们给孩子立规矩说"不能在家里乱跑"，但仅仅是一个"不能"，对孩子的约束明显不够具体有效，他可能还会屡次犯这个错误。

仔细分析一下，如果只是告诉孩子"不能"，那么我们只是在表达自己的主观意愿，而孩子只是在按照我们的命令做事，完全没意识到自己的责任。所以这种"不能"式的规矩，对孩子并没有足够的约束力。

如果我们能在这个规矩中加入孩子的主动性，让他自己去承担过失，或者利用一些小惩罚，那么他就会记住以后该怎么做了。

所以，如果我们已经决定使用"立规矩"这样的教育方式，那么就要放开手，让他自己去体会规矩的内容，并由他自己去承担违反规矩的后果。对于所立规矩中的惩罚内容，我们也应该严格执行，要让他自觉接受惩罚，这样的规矩才会更有效。

第一，让孩子从小就学会体验后果。

孩子在两三岁时便已经具备了一定的心理承受能力，所以有些责任完全可以交给他自己来承担。

比如，他弄坏了自己的玩具，那就要如实告诉他，"玩具坏了，是你自己弄坏的，所以你再也玩不了这个玩具了"。这就是在提醒他，玩具是他自己弄坏的，那么后果也要他自己来承担。同时这也提醒他，如果他再不小心对待其他玩具，那他可能还会承受同样的后果。

知道了这样的后果，孩子虽然可能会哭闹一阵，但他却会开始思考，并对自己的行为有所收敛，以后再玩玩具时，他可能就会珍惜许多。

当然，也不是说所有后果都要让孩子自己去承担。有些很危险的后果，比如，他因为好奇打开了煤气阀门，或者打碎了玻璃，这时可以提醒他，但不要让他自己去处理，只要让他认识到这个问题的严重性，以后不再鲁莽就可以了。也可以将这样的内容立到规矩中，以提醒他注意。

第二，不要用"吓唬"来惩罚孩子。

有些妈妈在看到孩子犯错时，会说"你下次再不听话我就揍你"，或者真的打两下来教育孩子。这样的惩罚其实都是在吓唬孩子，但这些吓唬可能只会让他记住"妈妈爱打人""妈妈真可怕""妈妈爱吓唬人"，却一点也没了解自己的责任。而孩子如果终日处在"生怕挨打"的情绪中，可能会变得很脆弱，缺乏安全感，不管做什么事可能都会放不开手脚；也可能会变得很叛逆，不断反抗妈妈的教育，那就更加不好管教了。

第三，及时宣布惩罚措施，并毫不迟疑地执行。

很多妈妈都会很习惯说"下一次"，但是这一次的惩罚都没有做到位，孩子下一次一定还会再犯错，也一定还会再受到惩罚。所以，不要总是将希望寄托在下一次，最好这一次就让他彻底记住。

当孩子出了问题，要及时向他宣布惩罚措施，并且要及时兑现惩罚后果，一定不要迟疑。比如，孩子玩完玩具后没有及时收拾，那就提醒他，"如果你自己再不收拾，当我收拾干净后，就会直接没收玩具，以后你就再也不能玩了，而且你还要去面壁反省5分钟"。孩子若是及时过来收拾了，就不要再多说了；假如他依旧我行我素，那就要果断地将他的玩具收好，然后真的不再让他接触到。不仅如此，还要真的让他去面壁，不能妥协。

对于幼儿期的孩子来说，这样的惩罚很有效，他很快就会乖乖听话的。

当然，孩子有时会对惩罚服软，以期躲过惩罚，但我们不能轻易妥协，而是要告诉他，"这次已经晚了，你已经犯了错，所以你要接受惩罚；不过下一次，我希望你能乖乖听话"。这时的"下一次"对孩子才是个希望，因为他已经承担了自己过失的后果，也接受了惩罚，所以这个"下一次"应该会有效，他应该会做出改变。

2. 允许孩子犯错，以后不再犯同一种错

有的妈妈把规矩内容定得很苛刻，比如，要求孩子做某些事时绝对不能犯错，一旦犯错就会严厉惩罚。其实这样的规矩对孩子是一种过度约束，因为孩子的成长过程中会不可避免地伴随着各种犯错行为，他也是在不断地犯错中成长的。如果所立的规矩侧重于不让他犯错，就相当于干涉他的成长，反而让他变得不自信，而这样的规矩自然也就失去了应有的效力。

不犯错的孩子是没有的，所以，做妈妈的用不着在孩子犯错这件事上太过纠结，关键是我们对孩子的错误应该容忍到何种程度。有的妈妈会过分容忍，有的则是完全不能忍。前者可能会让孩子是非不分，而后者对孩子改正错误、在错误中成长同样没有好处。

用最简单的一件事来举例，孩子不小心打碎了水杯。这是生活中很常见的一件事，但有的妈妈可能就会由此说个不停，比如，不断地冲孩子大吼大叫，训斥孩子，说他做什么事都不小心，说他总是给爸爸妈妈找事，说他就是笨手笨脚，等等。这些训斥可能会让孩子觉得自己的错误是不可饶恕的，却并不知道自己的问题到底在哪里。结果除了一顿骂，他也就不能从这一次错误中有什么更好的收获。在他下一次再遇到类似的情况时，很可能还是会犯错。

如果妈妈再有"不能打碎水杯，否则就要挨骂"这样的"规矩"，孩子更会因此觉得犯错是一件恐怖的事，他日后的行为就会变得过分小心翼翼，从而放不开手脚去探索。

作为妈妈，我们该让自己的"容错能力"有一个合适的范围，不要太

松,但也不要太紧。至少,要允许孩子犯错,这才能帮他认识错误,并在未来避免再犯同样的错误。

同时也要给孩子立个规矩,"第一次犯错可以原谅,但以后就要注意"。不过这个规矩内容并不是那么好实现,还需要注意一些问题。

第一,分析孩子犯错的类别与程度。

在不同情况下孩子所犯的错误是各不相同的,其犯错的原因也是各式各样的,需要我们区别对待。要区分一下孩子所犯错误的类别,看看他到底是因为什么而犯的错,是故意为之?还是因为能力不足或操作不熟练而导致的?同时还要看看孩子犯错所造成的影响如何,是无伤大雅?还是损失惨重?

详细了解孩子所犯的错误,也有助于我们帮助他以后更好地避免犯同样的错误。除了自己观察外,我们也可以多问问孩子,了解他实施某种行为时到底在想些什么,为什么会出现这样的错误,等等。

要真正了解整个犯错的过程,需要我们保持一个良好的心态,别总是将自己放在高高在上的教育者的位置,不要总觉得孩子不听话。用理智的心态去分析孩子所犯的错误,才能做出更准确的判断。

有时候,我们甚至应该对孩子犯错有些期待。孩子犯了错,也许意味着他在尝试接近一个新的领域,或者表明他在学习一种新的能力,这都是他成长的好机会,我们可不能因为太过严厉而阻碍了孩子的成长。

第二,根据孩子所犯的不同错误进行更有针对性的引导。

孩子犯错可能会引发我们各种各样的情绪,这很正常,不过比较考验人的是我们能否迅速调整情绪,根据当时的情况对孩子所犯的错误进行有针对性的引导。

当我们能接受孩子所犯的错误,并分析出其所犯错误的性质与类型后,可以先肯定他做得对的那些部分,或者肯定他的良好初衷。接下来,再针对他所犯错误的根本问题,告诉他怎样做才能避免犯这样的错误,提醒他要纠正哪些细节，可以给他一些建议，或者给他做一些示范，也可以引导他自己去思考，让他换个角度去想想，也许他自己就能找到避免再犯错的方法。

第三，提醒孩子从失败中寻找成功的细节，"不贰过"。

犯错并不可怕，重要的是孩子到底能从错误中得到怎样的收获。当孩子犯下这样或那样的过失时，我们首先需要引导他认识到自己所犯的过失，让他知道过失会给自己或他人带来怎样的负面影响，从而激发起他的知耻心和畏惧心。然后，我们需要提醒、帮助孩子持之以恒地改正过失，不让他放过任何一个小过失，督促他成为一个有过即改的好孩子。

这里我们也需要表明我们的态度，鼓励孩子多充实自己，丰富自己的知识，提升自己的能力，对错误最好是"后不再犯"，就像孔子的得意门生颜回那样"不贰过"，即同样的错误不犯两次，让他在犯错中不断成长。

3. 对孩子保护不要过度，干涉不要过多，要求不要过分

先来想象这样一些场景。

场景一：

孩子想要拿到放在高处的一件东西，他自己拿不到，不过他搬来了凳子，踩在上面刚好能够到。如果这个时候刚好被我们看见了，那么我们接下来会选择怎么做呢？是在一旁保护好，但并不插手、允许他自己继续呢，还是赶紧跑过去把孩子从凳子上抱下来，然后由我们代劳拿到他想要的东西呢？

场景二：

带着孩子去小区里玩，看到各种各样的游戏器材或者孩子们在一起玩的各种游戏，我们的孩子也会跃跃欲试，那么对于一些肯定会弄脏衣服或者可

能在"挑战"孩子能力极限的游戏，我们是会点头还是会很强硬地说"不准去"呢？

场景三：

我们要求孩子每天晚上9点睡觉，但是有时候孩子可能会因为某些原因而晚睡，明明已经过了睡觉的点，但是他依然特别精神。那么此时我们怎么做？是一脸严肃地强迫孩子必须躺下睡觉，否则就要施以惩罚，还是给他一个缓冲时间，引导他能主动接受我们的建议呢？

其实这三个场景中我们的表现，都与和孩子立规矩的技巧有很大关系。

和孩子立规矩的目的，就是用规矩来规范他的行为，使他不会因为太过自由的行动而让自己受到伤害，或者给他人或其他事物造成影响或损伤。规矩本身就已经起到一个提醒兼保护的作用了，那么我们就没必要再浪费更多的精力去对孩子进行过分的保护或干涉了，他应该通过努力遵守规矩而逐渐具备自我约束能力。

另外，规矩的要求也要合理，太紧的约束会让孩子感到不舒服，毕竟随着成长，他已经可以自己决定一些事情了，所以最好不要在规矩中设定太多过分的要求。

如此看来，给孩子立松紧适度的规矩才有利于他的成长。

下面，我们来仔细分析一下前面的三个场景。

第一个场景，有的妈妈会选择替孩子把高处的东西拿下来，其理由就是防止孩子从凳子上摔下来，但孩子真的那么柔弱吗？能自己想到要借助工具去够高处的东西，这对孩子来说本身就是一个巨大的进步，我们怎么能以保护的名义剥夺他的这种探索呢？

第二个场景，假如我们选择强硬地阻止孩子，那么就说明我们对孩子有了过多的干涉。孩子要做什么反映了他的需求，就算弄得一身脏，但是全身心投入到游戏中去的孩子却能从游戏中收获他想要的成长,这等求之不得的事情,显然我们的干涉是错误的。

第三个场景,如果我们选择了强硬的要求,也许初衷是好的,但是孩子却并不一定领情,因为我们过分强硬的要求可能会让孩子产生逆反心理,他可能并不能理解我们对他的好,这就为日后的对他的教育增加了难度。

因此,要给孩子适度的自由。无论是保护过度、干涉过多,又或者是要求太过严格苛刻,都有可能让孩子对要做的事情失去兴趣,同时也会让他的自尊心受到伤害。毕竟随着慢慢长大,他更希望自己可以做更多的事情,更希望自己可以决定某些事情。

我们对孩子的保护要适度,除了保护他基本的身体健康与人身安全之外,我们能放手的就要放开手。该是他自己做的事情就要允许他去做,他自己有能力做的事情,不要过多插手;只要不是有损于健康和安全的事情,大可以让他去尝试,而且完全可以让他多试几次;就算对他有要求,也应该多以温柔的指导方式为主,别张嘴闭嘴全是命令。

虽然这好像是让孩子脱离了我们的掌控,其实不然,我们框定的是他需要遵守的一个大范围,就算是立规矩,也是一个基础范围内的规矩,比如,以安全为前提、范围。在这个圈子里,就要允许他自由自在地活动,而只要孩子不出圈,那么他就是基本安全的,我们那些担心就只是多余的。

4. 不剥夺孩子体验失败的机会

一个人的一生中不知道要经历多少次失败,而人在孩童时期所经历的失败明显要比成年之后经历的多得多。这是因为孩子的能力正在发展中,知识也在积累中,处世经验也并不完备,所以每做一件新鲜事,他遭遇失败的概率都会非常大;而即便是他已经知道该怎么做的事情,也会因为他能力有限或者动作的不协调、不熟练而出现失误。

对于很多孩子来说，失败可能是一种很新奇的经历。原本好好的发展突然就中断了，或者他手中的东西突然就坏掉了，他的情绪会发生急剧的变化：也许会变得困惑，也许会突然大哭起来，还可能会陷入一种恐慌，不知道接下来会发生什么。

也许正是由于看到了孩子有这样的一系列反应，很多妈妈就会觉得非常心疼，孩子小小年纪本该是无忧无虑享受快乐的，这样的忧愁和烦闷怎么能是孩子可以承受得了的呢？于是，有些妈妈便自以为聪明地帮孩子躲开了这种体验失败的机会。

比如要做一件事，有的妈妈可能会提前帮孩子将不好做的那部分做完，只让孩子做不费劲的那一部分；有的妈妈则会全程主动参与，结果孩子则好像变成了打下手的；还有的妈妈干脆就将事情的90%都自己先完成了，只留下绝对不会让孩子失败的部分给他做；等等。

关于失败，很多妈妈并不想将其列入某种规矩中去，"如果失败了，就怎样怎样"之类的内容，也是能避开就避开。因为原本我们立规矩的初衷，可能就是为了要让孩子避免失败，就是为了不让他出错，所以一些规矩的内容就显得并不合适。比如，原本孩子有足够的能力，但是我们为了不让他失败，在规矩中要求他做的事情便定得低于他的实际能力，使他很轻松就能做到。这样的规矩显然没有太大意义，只会让孩子逐渐对这样的规矩不再重视。

所以，我们要认清给孩子立规矩的初衷，不要害怕孩子失败，规定要求孩子做到的事，不要随便改动，尤其是不要轻易将事情变简单，要让孩子经历一定的挑战，让他体验失败的滋味，更要让他从失败中学会总结经验教训，从而让规矩来帮助他自立、成长。

所以，如果总让孩子经历成功，那么失败所能带来的成长就会被忽略掉，这些地方可能就成了他成长道路上的隐患，说不准什么时候，这个隐患就会变成明疾，而这种突如其来的打击对于没有体验过失败的孩子来说，常常是难以承受的。

其实体验失败也不是什么坏事，"如果失败了，就从头再来"。假如在规矩中有这样的内容，相信孩子也不会感到有什么不妥，反而还会增加他继续尝试的勇气。

我们都希望孩子能成长为独当一面的人，那么这个独当一面，自然也包括他能凭借自己的力量去应对可能遇到的各种挫折与失败。既然如此，我们就要让孩子更早地认识失败，并逐渐掌握与失败打交道的方法。

第一，端正态度，不要认为孩子失败就是无能。

孩子可能就是在某方面有所欠缺，就是不行，但是这并不是他无能的表现。可能是他没有好好表现，可能是他学得不够透彻，还有一种可能是孩子压根儿就没有兴趣去表现。

不管怎样，失败对孩子来说都是一种人生经历，而且是必需的一种人生经历。我们要避免给孩子灌输"完美理论"，不要让他处处都追求完美（幼儿期的追求完美敏感期除外），失败能让他得到更多的锻炼，这样才能从根本上避免孩子因为失败而自暴自弃。

第二，相信孩子对失败的承受能力。

如前所说，一部分妈妈之所以不愿意让孩子承受失败，就是因为担心他承受不了失败的打击。孩子没有我们想象得那么脆弱，可能一开始他会因为失败而哭泣，但是也许我们会惊讶地发现没过多久他又一次开始尝试了。孩子的内心原本对失败并没有那么强烈的恐惧感，只要我们不在一旁"添油加醋"，只要我们不露出过分关心和安慰的表情，只要我们能多说一句鼓励他继续的话，那么他自然也就不会将失败看得多么严重了。

想想当初学站立、学走路的孩子，尽管一次又一次地走两步就趴在了地上，但他却总是会颤巍巍地再一次站起来，再一次迈开步子。这样的孩子，怎么会惧怕失败呢？只要我们不怕，他一定也不会怕。

第三，保护孩子敢于尝试的勇气。

孩子的很多失败都发生在对新事物的尝试上，这是很多成年人可能都已经丧失的一种勇气。面对孩子的这种勇气，我们应该表现出一种欣赏和钦佩的态度，更重要的是要保护他的勇气。别过早地告诉他"你不行"，不如多说说"试试看"，多告诉他"我们可以一步一步来"，让他能通过这样点滴的进步逐渐成长。即便遭遇了失败，也要告诉他"这也是成长的一部分，没什么的"，那么他就不会对失败过多理会，而是能再次爬起来继续前行。

第四，鼓励孩子自己想办法应对失败。

怎样才算是让孩子完整地体验失败？除了允许他自己经历失败，也包括让他经过自己的努力战胜失败。一般来说，孩子经历的失败都没有多么不可逾越，我们在一旁简单地指点一下，或者干脆就直接地鼓励一下，只要他做这件事的兴趣不减，那么他自己就会主动去寻找解决的办法。

当然，如果孩子因为失败而感到了沮丧或者退缩，我们的鼓励就要更多一些，多肯定他已经完成的那部分，肯定他的能力，鼓励他再试一次，让他多想想哪里还能做得更好。当孩子凭借自己的努力得到最终的胜利时，他不仅会收获快乐，更会收获靠自己而得来的进步。

5. 对"笨手笨脚"的孩子，要忍住不去帮忙

我们总希望孩子能有一双灵巧的手，不管学什么、做什么，都能很快地做好。可是现实与希望总是有很大的差距，在某些事上，孩子可能就会表现得笨手笨脚，让在一旁看着的我们格外着急。有的妈妈会吼叫，会训斥，有的则干脆就自己上阵了。

一位妈妈就对此感到很忧心：

孩子都快3岁了，什么都做不好，而且还总是要自己做。早上起床他要自己穿衣服，结果只穿好了一只袖子，另一只袖子怎么也穿不进去；吃饭的时候也非要自己端着碗，可又拿不住，饭有一半都扣在了桌子上；出门前穿鞋，不是左右穿反了，就是鞋带扣不上。急死我了！

有时候我看不过去，就直接上手帮他弄了，他还挺不乐意，不是大叫就是大闹，有一次居然还哭了。我也不是不愿意让他动手，但他笨手笨脚的，我还总是要帮他收拾残局，真是够郁闷也够累的。

这位妈妈的遭遇也许会引起很多妈妈的共鸣，孩子在某些时候、某些事情上总是笨手笨脚的，可是他却偏偏还很有心情地非要自己做。不要以为这是孩子在捣乱，也别觉得他怎么这么固执，他这种非常想要自己动手的冲动其实反映的是他的天性。

两三岁的孩子已经开始有了自我意识，他会经常用"我""我自己"这样的表达，各种事情都会要求自己来，这是因为他想要尝试，想要通过行动来证明自己的成长，而且他也渴望通过自己的行动来获得周围人尤其是妈妈的肯定。也就是说，孩子尽管笨手笨脚却也一定要自己做，是他在积极学习新事物、熟悉周围环境、掌握新技能的表现。

只不过，这时的孩子手脚协调性能并不好，思维发育也并不成熟，缺乏经验与能力，加之自身的肌肉也不够发达，动作还做不到位，所以笨手笨脚也就在所难免。

由于现在很多家庭都只有一个孩子，为了表达我们的爱，我们更习惯于帮孩子做某些事。再加上有些妈妈是急性子或者完美主义者，格外见不得孩子的笨手笨脚，直接上手帮忙也就成了习惯。

但是，孩子是会观察的，也是会有惰性的，如果他经常处于一种被帮忙的状态，那么他就会变得越来越笨手笨脚，最终还可能会失去自理能力。

所以，有时候我们要学会做"背手妈妈"，不妨"懒"一点，而且可能是越"懒"越好。

不如跟孩子立这样的规矩：允许他自己做，但他要努力学着做完做好，也就是对他的动手能力有一个积极正向的期望。不过，立这个规矩的前提，是我们一定要管住自己的手。不要轻易就无视已经立好的规矩，这体现的也是我们对他的一种信任。

毕竟，原本立规矩就是希望让规矩去发挥应有的教育作用，只要规矩的内容是合理的，那么我们也要信任孩子。同时也要想到，之所以会有这个规矩，就是为了纠正孩子的"笨手笨脚"，那就不要因为他不算好的表现而过分担忧，只要我们不总是伸手帮忙，孩子自然就会按照规矩去进行自我探索，他最终也一定会有印象深刻的收获。

所以，在看到孩子笨手笨脚地做某件事时，首先要控制好自己的嘴，别一上来就开始唠叨，尤其是不要说"你怎么这么笨""看你弄得一团糟"这样的话，以免孩子因此变得不敢动手。

先看看孩子到底要做什么，然后在必要的时候开口给予帮助。比如，如果孩子在洗手帕，却弄得到处都是水，手帕也没有洗干净，我们可以告诉他怎样才能洗干净，怎样才不会把水溅出去。同时，我们还要多多鼓励，告诉孩子我们信任他，而且也乐于见到他能自己主动做些事，并且希望他能将事情做好。

而接下来，就要任凭孩子自己去做事了，即便他很慢，也要耐心地等；如果他出了错，可以提示一下，但不要伸手去纠正。允许孩子慢，允许他错，一切都靠他自己，这样孩子才能得到锻炼。

虽然我们在行动上可以"懒"一些，但是心和思想却绝对不能懒，要留意孩子可能遇到的危险，带他远离危险，遇到他实在做不好的事情，帮助或者示范是必不可少的。

6. 给孩子自主做事的机会，让他自己去安排

一位妈妈曾讲过这样一件事：

夏季的一天，原本天降大雨，后来变成了偶尔掉几滴的小雨。我便趁着天气凉快时，打着伞带着两岁多的女儿出去踩水玩。

女儿明显对打伞这件事很感兴趣，她抱着伞自己就出了门。可是举着大大的伞就不方便玩了，我便想要接过伞，但女儿很固执，非要自己拿着，尽管拿得歪歪扭扭，可她却一直学着我的样子自己举着。

我没再多说，女儿自己举着伞，自己跑来跑去，中间也有把伞弄掉的时候，可她每次都会锲而不舍地再举起来。有时候刮了风过来，拿不住伞的女儿会被吹得倒退几步，但她看见我举着伞躲风的动作后，很快也学会了调整。

再后来，每到下雨时，女儿都会自己举着伞出去，看着和她一样大的别的孩子还得由父母抱着以躲开雨水，而我的女儿却自己举着伞在水里欢快地跑，我忽然觉得有时候让她自己去做一些事，让她安排自己的行动也是件不错的事情。

虽然事情很小，但是这位妈妈没有擅自干涉，而是让女儿自己去经历，自己去安排，而女儿的收获也的确是令人惊喜的。

这件小事是不是也会让我们有一些反思？

身为妈妈，我们到底为孩子做了多少事？到底剥夺了他多少次自己主动尝试的机会？到底又为他安排了多少事？孩子是一个独立的人，未来没人可以一直帮他做好所有的事，他必须学会自己去处理各种问题，这样他才能成

为一个自立的人。

看看现如今的新闻报道，孩子因为不能自立而出现的种种问题，让多少父母头疼不已？有的孩子已经进入了大学，却依然不知道吃多少饭，不知道怎么洗衣服，除了看书学习，其他什么都不会做；有的孩子已经毕业，理应要进入社会，却变成了典型的"啃老族"，自己年轻力壮，但除了吃喝玩乐什么都不会做；还有的孩子对于周围的环境挑三拣四，认为别人什么都没给他准备好，所以他才什么都做不好。

其实这些孩子都不是长大后才变成这样的，正是他小时候接受了不恰当的教育，才使他变得既缺乏独立意识，又没有独立能力。

立规矩显然是解决这个问题的很好的方法，规矩会让孩子自觉地调整自己的行为，并在我们的示范和帮助下产生主动性。如果我们能严格按照规矩的内容去要求孩子，并不过多干涉，允许他按照规矩去自主安排各种事情，相信他也会在不断地学习与磨合过程中，逐渐成长为有强大自立能力的人。

更重要的是，立规矩也是一种提醒，不仅会让我们注意不要总给孩子太多的依靠，同时也会让孩子自己懂得不要过分依赖我们。规矩会让孩子感觉自己是在逐渐走向自立，逐渐长大，看到自己能做到更多的事情，他也会觉得骄傲。

所以，别将规矩丢在一旁，我们应该按照规矩的内容，给孩子自主做事的机会。而且，要培养孩子的好习惯最好是在他小时候。就一般情况来说，一个人在6岁以前，其个性和心理素质就会定型。所以在这个关键阶段，我们就要和孩子立好相关的规矩，要让他学会自己动手做事，并给他足够的机会让他自己干，以培养他的自立能力。

第一，抓住生活中的各种时机教孩子做事。

学习是孩子最主要的生活内容，生活中的任何一个机会，都有可能成为他学习的契机。其实这样也花不了我们多长时间，只需在孩子有疑问或者感兴趣的时候，告诉他某件事怎么做，或者给他示范一下，帮他积累更多的生活经验。

第二，基于某种前提，把孩子的时间还给他。

虽然孩子学会了做事，但这还不算完，他还要有能做事的机会，不是说他会做就行了，他还应该能熟练操作，而且能灵活处理。既然孩子已经学会了怎样做事，那我们就不如把做事的机会还给他，允许他自己安排时间，调整生活的节奏，怎么做、做什么全看他自己。当然，这一切要在限定时间范围的规矩下，在保证安全的前提下进行。

第三，适当给孩子安排一些"工作"。

除了孩子自己必须要做的事情，生活中还有些事也是他力所能及的，比如，帮着我们做些家务，或者帮全家人订个车票、买个东西，等等。要引导孩子做好通盘考虑，不放过任何一个可能的细节，因为有时候"细节决定成败"。虽然这些事不是他必须要做的，但这也是必不可少的一项技能。而且，这些"工作"也能让孩子学会负责任，学会担当，可能还会实现对某种规矩的遵守与验证，何乐而不为？

7. 不要打扰孩子自娱自乐，不要总是陪他一起玩儿

很多妈妈有了孩子以后并没有就此丢下工作，而是继续为了事业而奋斗，陪孩子的时间也就少得可怜。于是，只要有一点时间，我们都会想要将自己的时间花在孩子身上，陪他一起玩耍，而且常常还是寸步不离。

我们的初衷没有错，但是有些事也不能只从我们自己的角度出发，孩子固然需要妈妈的陪伴，可是很多时候他也需要自娱自乐。因为有些游戏是需要他自己思考或者独自处理游戏步骤的。

关于娱乐的内容，所立的规矩中也会有所体现，但是我们有没有注意

到，其主要内容只会是"在某一时间段，孩子可以玩耍"，却并没有规定我们必须要陪着他。而且，合理的规矩内容中已经有足够的"妈妈陪伴时间"了，那么当孩子可以自行处理娱乐时间时，我们就不要再擅自给那条"自由玩耍"的内容加上"陪伴"这一附属内容了。

其实我们没必要刻意表现出"陪"这个动作来，若是孩子想要自己玩耍，那就不要有过多的干涉，完全可以在一旁静静地看着他。如果孩子真的想要我们陪，他会有各种各样的信号发出来，最简单直接的就是说"妈妈，跟我一起玩儿""妈妈陪我"，或者是四处张望寻找我们的身影，有的时候甚至会直接把我们拉过去。

而孩子的自娱自乐并不是瞎玩，在自己摸索的过程中，孩子既需要动手也需要动脑。比如说搭积木，看似简单的游戏，但是怎样搭出他自己心目中的东西，怎样搭出不同于示范图的样子，这些都需要他自己去思考。

不仅如此，在有些时候，孩子可能就需要自己玩，这也是在锻炼他独处的能力。是不是能照顾好自己，是不是能找到自己的兴趣所在，这些都能体现一个孩子的独立性。

所以，当孩子要玩耍时，我们也别总那么积极地上前回应，也要给他一些自己的时间，别总是陪他一起玩儿。

开始玩耍了，我们最开始可以先不出声，看看孩子是不是自己在独立处理所有事情，如果是，那么就大可不必打扰他，可以告诉他"你好好地玩，妈妈要忙一会儿，有事再来叫妈妈"。在确定孩子基本安全后，我们完全可以放心离开。

不过，这个离开也不是绝对地完全不理会孩子。可以过一会儿来看一看，但不要多说什么，以免打扰到孩子。可以在一旁坐一会儿，安静地看看，如果孩子此时想要交流，就再顺着他的意思和他交流几句，如果他依然很专心，那就什么都不要说了。

当然，在孩子还很小不足以自己单独待着的时候，我们就要在他旁边看着他。可以做一些其他的事情，但不要打扰他，同样是在保证他基本安全的前提下，允许他自己爬，自己玩，就算闹出些响动，只要不伤及到他，我们就没必要惊慌。

有些孩子可能已经被陪习惯了，所以他自己也许并不会玩。为了培养他独立玩耍的习惯，也可以用立规矩的方式来引导他。

比如，给孩子立一个简单的规矩：他要自己玩一段时间，不能打扰我们的工作。最开始，可以先和孩子分开几分钟，告诉他我们手头有些事，让他去和他的玩具玩一会儿。但此时不能太过强调"单独"这样的字眼，否则会让他觉得很孤独。

当孩子真的做到了和玩具自己玩了一会儿时，要表扬他的自觉性与独立精神。而在接下来的日子里，可以适当延长让他独自玩耍的时间。

在这个过程中，孩子可能会有些不情愿，有些着急，或者频繁和我们说话，我们就要耐得住性子，告诉他自己在忙，大家都要安静地做自己的事情。说这些话时我们的态度要温和，以免让孩子误以为我们是在拒绝他。

8. 切忌告诉孩子"你应该……""你不应该……"

应该，是一个颇具命令性的词汇，如果再加上主语"你"，那就更具有命令的意味了。"你应该……""你不应该……"是两句生活常用语，身为妈妈的我们尤其用得多，而且这些话多半都会用在孩子身上。

在我们看来，孩子是不完美的，所以他在很多地方都会做错，在很多地方都会出问题，在很多地方会不知道该怎么办。每到这样的时候，"应该"与"不应该"便会被频繁使用。孩子的行动也就在"应该"与"不应该"之间来回转换。

而且，很多家庭的规矩内容中也会经常体现"应该"与"不应该"，结果规矩立好之后，在孩子看来就好像是一项项命令性甚至是强制性的要求。他的种种行为都被做了最直接且不可更改的限制，一旦他违反，那么相关惩罚就会被"招呼"到他的身上。

虽然这样的指导很直接，没有拐弯抹角就能让孩子知道该做什么不该做什么。可是，经过了这样的"指导"，当时孩子的确能很清楚地知道自己的行为该如何继续，但日后他再回想起来，留在他印象里的，可能只是"我遇到问题了，然后妈妈就告诉了我应该这样不应该那样，再然后我就会了"这样一个场景。这样的回忆最终只有一个结局，那就是孩子一遇到这样的问题，就会想到"我还是需要妈妈的指点才能应付"。

也就是说，太多的"应该"与"不应该"，会把孩子推向一个自己懒得再动脑的境地。他会更倾向于听从与服从，反而失去了主动性。

那怎么办？当然是不要太过明确地告诉孩子什么应该与什么不应该了。尤其是在立规矩的时候，要减少出现"应该""不应该"这样的字眼，要么直接点明孩子要做什么，要么就对一些不良行为进行相应的限制。而且，规矩的内容理应委婉一些，否则太多的"应该""不应该"会让规矩变得太过强势，孩子也会产生一种不舒服的感觉。他的成长应该是有一定自由的，我们在一旁更多的是给出提示，而不是强硬地去命令他。

比如，正在玩玩具的孩子，他可能会把玩具都拿出来，然后混在一起玩；也可能会把这一片地方弄得一团乱。有的妈妈遇到此类情景就会说，"你应该先玩一样再玩一样，这样就不会乱了"，也可能会说，"你不应该把这里弄得这么乱，一会儿你自己都不好收拾"。

可是这样的要求只不过是出于我们自己的想法罢了。因为我们觉得，玩完一样再玩另一样比较有秩序；我们觉得，即便是玩也该有秩序。但我们的想法并不是孩子的想法，又何必用我们的想法来给孩子套上一个没必要的约束呢？而且，总是被要求"应该""不应该"的孩子，会逐渐变得对外界的事物反应迟钝，他完成一件事的成就感也会大大减弱。

当然，对于一些原则性的问题，比如应该保持个人卫生，爱护物品，爱护自己的身体，不伤害他人，又比如不应该欺负比自己小的孩子，不应该在别人正玩的时候捣乱，不应该偷拿东西等，这些倒是应该提醒孩子的，并让他牢记这些原则。

而除此之外，一些比较灵活的东西，就要允许孩子灵活地发挥，给他独立思考和动手的自由。我们不要把什么事都给孩子安排到细节，应该怎样不该怎样，只有身处于做事中心的孩子才最为了解。

别害怕他做不好，也别觉得他的某种行为就会失败，只有经历这些，他才能摸索到正确的做事方向。

不过，有时候孩子可能的确不知道该怎么办，他会向我们来求助。这时也别那么明显地告诉他什么应该什么不应该，可以给他一些提示，或者给他提供一些可供选择的选项，具体怎么办还是要让他自己去想，我们只不过是给他提供几个思路而已。

而对于他做出来的事情，如果是我们认为应该这样做的，就要予以认可，告诉他他的选择是正确的，对于做得好的还要表扬，并鼓励他把好的行为继续发扬下去；如果是我们认为不应该那样做的，也别因此就训斥他，要允许他申辩，允许他解释，了解他行事的初衷，然后再根据实际情况给出我们的意见。

第九章
给孩子立规矩，要"自由与规矩并行"

给孩子立规矩并不是在给他下命令，所以不能太过强硬地要求孩子应该怎样、必须怎样。给孩子立规矩，要做到"自由与规矩并行"，也就是"规矩"之内有"自由"，"自由"之外有"规矩"，这样孩子才既不会太束缚，又不会太放松，从而心甘情愿去遵守规矩。

1. 给孩子自由发展的空间，但自由要适度

不知道有多少妈妈会正视孩子所需要的"自由发展空间"，我们所看到的，不是孩子太过自由，就是被约束得太严格。

比如，有的妈妈觉得孩子就该"放养"，于是便任由孩子随便折腾，结果各种规矩变成了摆设，孩子的发展就像是热带雨林里的藤蔓植物，任意疯长，最后无法收拾。

而有的妈妈则恰恰相反，孩子的一言一行都有规定，一举一动都要受到制约，不管他要做什么，都会有规矩在等着他。结果，孩子不得不一直想着自己哪里需要怎样做；而妈妈则不得不时刻关注着他，在他出错的时候及时

提醒。结果，孩子的手脚完全被规矩禁锢住了，动一步都难，而妈妈也会发现他处处都有问题，当然也就越来越头疼。

孩子理应自由发展，他有自己的一套成长规律，这个规律是没人可以左右的。如果他的自由发展受到了限制，那么他的内心就会出现非常强烈的不满与反抗，这种心态显然不会让他找到他想要的幸福感。

所以，身为妈妈，我们要找好自己的位置，确定自己应该发挥的作用，即便是给孩子立了规矩，也要尊重他的自由发展空间。

第一，了解孩子的发展进程。

每个孩子尽管个性各不相同，但是会有一个相同的大体发展进程，什么时候开始经历怎样的敏感期或学习关键期等，他是有相应的"定时开关"的。所以，不要认为孩子的任何方面都是越早发展越好，不管到什么时候，"揠苗助长"都是不当的教育行为。

所以，要了解孩子的每一个敏感期，了解他的能力进展以及他在某个阶段都需要什么。针对他的发展需求安排他的生活与学习内容，以保证他的自由发展。

第二，理智对待孩子的破坏行为。

我们之所以会限制孩子的某些行为，给他立规矩，就是因为他的破坏力太强了。几乎是在每一个学习阶段，孩子都可能会搞一些破坏。会爬了就四处乱爬，看见什么就翻什么，东西乱扔不说，乱涂乱画更是家常便饭。面对此情此景，我们不得不用规矩来限制他。可是，用这样的方式限制的不仅仅是他的自由，可能也包括他的成长。

孩子的探索源于他的好奇心，在这个过程中，他会通过摸、看、嗅、尝等一系列的动作去体验。这个过程势必会伴随着破坏，这种破坏其实是他在积累生活的经验。当然，有一些破坏也可能是他想要引起我们的注意。

所以别太过纠结孩子的破坏行为，如果他正处于探索期，就要给他一个探索的空间，只要保证他的安全，就允许他四处观察与试验。不过，孩子还是难免会因为不当的探索而受到伤害，对于这一点要淡化处理，不要太夸张地叮嘱或训斥，更不能转移责任，避免打地板、打桌子等，但要告诉他怎样做才能避免受到伤害。可以多给他做一些示范，这会让他知道怎样做能让自己不疼，能保证周围不乱。

第三，孩子的自由不是无限的。

要给孩子自由，但他的自由不是无限的，而是有度的。所以，规矩是一定要立的，但也要有一个宽广的适应范围。就好像是方圆，如果说规定是方，那么孩子的活动就是圆，让这个圆在这个规定的方里自由活动，这就足够了。别非要求孩子必须遵守那些边边角角的条条框框，适当地放宽限制，变通地处理他的某些问题，这才能使他在不知不觉中遵守规矩。

2. 允许孩子自由探索，引导和鼓励他的探索行为

在很多孩子看来，自由探索是一个美好的愿望，但是他和这个愿望之间却总是隔着妈妈这座大山。因为总是担心探索过程中的危险，所以我们对孩子的探索行为会有千般阻挠。

但是不被允许探索的孩子，其好奇心就会被压制，结果可能就会导致他对什么都没有兴趣。而以后即便他对某样东西产生了好奇心，但是已然成习惯的"不能随便动"，也会让他条件反射般地管住自己的手，管住自己想要寻求答案的心，于是一个很好的学习机会就被他硬生生地放过去了。

而从表面来看，孩子的这种行为就好像是他对这些新鲜事物不感兴趣，对学习也没有上进心一样。见此情景，我们可能又会觉得这是孩子的问题了，会觉得他不思进取。

这怎么能怨孩子呢？想想最初他曾经有强烈好奇心的时候，我们是怎么

对待他的？当初我们的那种做法，是不是已经给孩子造成了深刻的负面影响呢？

一位爸爸曾这样讲述：

家有小儿，经常四处爬，四处搞乱：家里的花被他掐掉了骨朵，叶子也被扯烂了；家里的画沾满了他的口水、画笔印子；家里他能够得到的杂志，被他撕得残缺不全；家里的玩具，没有哪个上面没有他的牙印儿的，也没有哪个不是有各种缺陷的，不是娃娃缺眼睛，就是汽车少轱辘；看见开关就会去按，看见遥控器就会把上面所有的数字都按一遍，结果家里的各种电器时不时就处于非正常运转状态……

小儿他妈觉得这事太烦躁，于是便给小儿立了规矩，要求他不得随意乱爬，不得随意破坏。一看见他要弄坏什么，直接就瞪眼睛，或者是训两句，如果一个没注意他破坏了，就上去打小手。而对于他的那些危险行为，他妈更是严格看管，只要有那个苗头，她都会立刻跑过去抱起小儿，有需要的时候，她会替小儿做一些事情。

一段时日之后，小儿果然乖了，每天坐在那里也没什么别的动静，可看着他却觉得有些呆板了，孩子的活泛劲儿都没有了。

从这段讲述中可以看出，立规矩之前的孩子，对世界充满了兴趣；而立规矩之后的孩子，就好像被掐断了翅膀的小鸟，除了在原地待着，似乎再没有了高飞的生气。

何必要把孩子看得这么紧呢？面对这个陌生的世界，他的探索要求是多么合情合理。他的认识过程有自己的特点，他有自己的认识方法和途径。如果我们真的觉得孩子的探索有些让人担心，那倒不如用一些合理的规矩来规范他的行为，让他的活动尽量保持在安全范围之内，这样他能获得自由探索的机会，我们也能安心。

第一，别用"爱的名义"约束孩子。

孩子探索的依据是好奇心，可他能力经验不足，所以很容易就会遇到危险。于是我们就会以爱为名义，来约束他的行为。

这种担心是可以理解的，但我们却不能因此就阻碍孩子的探索。不如将自己的担心适当地说给孩子听，让他体会到我们的苦心。孩子对爱都是敏感的，对于我们不喜欢他做的事情，他会有所收敛的。

第二，用各种方法引导孩子自己去探索。

引导孩子自己去探索也需要技巧，不是说任由孩子自己四处乱跑就是在探索了。还是那句话，孩子最初的探索都是源于好奇心，所以他的探索可能会有些漫无目的，而我们就要用合理的引导方法来帮助他探索。

比如，用语言提示，"看看那里有什么不一样的东西""你不想去瞧瞧吗"，这样的话语会引起孩子的注意，也许就会让他对我们所提到的东西有所关注；用动作提示，我们可以对某样东西产生兴趣，而在我们专心看或研究的时候，孩子自然也会被吸引过来，接下来他可能就会开始探索；用他所学过的知识去引导，很多东西孩子可能在书上看见过，不管是图画还是文字，我们都可以提醒孩子回忆起来，然后当看到实物时，再鼓励他去探索。

第三，肯定孩子的探索精神并鼓励他的探索欲望。

探索过程不会都是平稳顺利的，孩子可能会遇到困难，也许会因为对我们的某些要求有所顾忌而不敢再多深入。每到这时，就应该多鼓励他，打消他的顾虑，告诉他我们的期望，提醒他只要注意保护好自己就可以了，想做什么大可以放开手去做，只要是能让自己有所收获，他的探索就是可行的。

不过，在有些困难面前，孩子可能会止步不前，此时我们就该肯定他的探索欲望，并用这个欲望激发他内心对知识的渴望，引导他再多看一看，多想一想，以帮他最终学到知识。

3. 别让拆坏的东西扼杀孩子的探索欲

有妈妈曾经很形象地形容孩子的手,"破拆机""破壁机""粉碎机""碾压机",意思是说只要是被孩子的手触摸过的东西,多半都不会再保持原样,而且大部分都会坏掉,有的甚至是面目全非。

一位妈妈就曾经很头疼地说:

我已经不想再给孩子买什么新玩具了,新买的小汽车,没两天车门就没有了;新买的小飞机,翅膀也能断掉;新买的电动玩具,开关或者遥控器一定是最先坏掉的。别说这些东西了,就算不是玩具,孩子也能给你拆个乱七八糟。上回他爸爸刚换了个新手机,结果也没能幸免,也怪他爸爸,没把手机后盖扣上,结果孩子把里面的电池、存储卡、手机卡拆得到处都是,保修标签差点也给撕下来。你说才三四岁的孩子,怎么破坏力就那么大呢?

的确,孩子总是不让人省心,有时候看着他留下的那一地"残局",真是既生气又无奈。不仅如此,有的妈妈还会对孩子产生猜疑,比如,担心自己的孩子是不是有多动症,或者有暴力倾向,所以才总是破坏东西。

而一看到孩子拆坏了东西,有的妈妈就会训斥甚至是在孩子屁股上来几巴掌,还会吼道:"净浪费东西!下次不给你买了!一点儿也不知道心疼!"更有的父母会直接立一个新规矩:"以后再拆坏东西,就拿小棍儿抽手20下!"这时的规矩就变成了惩罚。

在这种情况下,孩子通常会委屈地哭起来,一边抽噎一边说自己下次不会再犯。也许下次他真的不再拆了,但也许下次还会继续,那么下次我们对他的教训也就会继续,直到他真的"乖乖"地不再随便乱拆东西。

表面看上去,我们成功制止了孩子的破坏行为,似乎是遏制了他暴力倾向的发展。但从孩子那方面来说，总是因为拆坏东西而被训斥，他也会"长记性"。当他发现，拆东西会被骂时，也会为了躲避这种不舒服的感觉而停手。可是与之一起被停掉的，还有他的探索欲望。

孩子为什么那么爱拆东西？就是因为他好奇，他想要知道那些东西神奇表象的背后到底有什么。在他的心里，压根儿就不会认为自己的行为是在搞破坏，他当时的心思只不过就是想要知道真相而已。

比如，他拆掉了玩具小汽车的车门，可能就是想看看汽车里面的构造；他折断了飞机翅膀，也许就是想看看飞机能飞起来是不是依靠这样的两个东西；他弄坏遥控器，也不过是想了解为什么这个东西可以控制离它那么远的另一样东西……

孩子的"拆"往往并不带恶意，甚至有时候他可能还是好意。比如，看到家里的闹钟坏了，他可能是想去修好它，结果他拆开了却又装不上，而在我们看来，这就跟他破坏了一样东西没什么区别。而还有一些孩子的"拆"可能只是他对这个过程感兴趣，他享受的是那个过程，他的发现也在那个过程中，但并没有意识到自己行为所带来的后果。

不过，有极个别的孩子的"拆"可能就是故意的了，但也一样没有多么强烈的恶意，他可能只是想通过这样的表现来吸引我们的注意，或者想要获得更多的关注罢了。对于这一点我们也需要认识清楚。

所以，对于孩子的破坏行为，尤其是在他处于探索期时的破坏行为，应该用一种宽容的态度去对待。东西坏了还可以再添置，但是如果孩子的探索欲望因为坏了几样东西就遭到打压甚至永久消失，那就太得不偿失了。

如果孩子破坏了一样东西，首先应该确定他为什么要这样做，他想要知道什么，他有了怎样的发现，要肯定他的探索欲。接下来，就可以告诉他："这些东西都是爸爸妈妈用辛苦挣来的钱买的，这么快就弄坏了爸爸妈妈有些心疼啊！而且，你一下子就弄坏了不就再也玩不了了吗？你想想看，有没有不用破坏这些东西就能得到你想要知道的方法呢？比如，看看说明书，或者来问问爸爸妈妈，你觉得呢？"这样的说辞会让孩子也开始思考自己的行为，从而或多或少地避免孩子的破坏行为。

用适当的规矩来限制孩子的破坏行为是个不错的方法，但此时的规矩一定不能是惩罚式的。可以和他约定好，以后要爱惜玩具，或者允许他提一些要求，给他准备足够的可供拆装的玩具和小工具，以满足他的拆装探险心理。

4. 给孩子立规矩，要让他心悦诚服、心甘情愿

没有规矩不成方圆，规矩是孩子行为的标杆与准则。孩子会从规矩中了解生活中的"允许"与"不允许"，同时也会逐渐培养自己良好的生活习惯。

话虽如此说，但能实现这些内容的前提，却是孩子要认可并同意那些规矩，如果他从一开始就反感甚至抗拒规矩的内容，那么这些规矩也就形同虚设。

遗憾的是，很多孩子对规矩的态度恰恰就是反感。因为很多规矩被当成是约束甚至惩罚孩子的工具，孩子做什么都可能不合规矩，自然不会心悦诚服、心甘情愿去遵守那些规矩。

有位妈妈要求孩子"不许玩水"，其实妈妈的本意是怕孩子玩水时弄湿地面导致脚下打滑摔伤自己，结果洗澡、洗脸的时候，一看到孩子玩水，妈妈就要说两句，生怕他会因为玩水把水弄得满地都是。

孩子很不乐意，毕竟是才两三岁的孩子，正是对水好奇、感兴趣的时候。结果每次洗澡和洗脸的时候，孩子一脸强烈的渴求，妈妈却板着脸不断地训斥，最后孩子也就不愿意洗澡洗脸了。

这样的规矩就是忽略了孩子的感受，虽然在妈妈的强硬地要求下孩子可以去遵守，但是他却因此而心生反抗，连洗澡和洗脸都开始抗拒了。所以，有些规矩虽然是出于我们的好意，可是也要能让孩子认同，别太过一厢情愿，否则规矩的执行可能就会很困难。

所以在立规矩的时候，就要考虑以下几个问题了。

第一，这个规矩是出于怎样的现实考虑？

我们给孩子立的所有规矩都不应该只是凭空想象的，而是要与孩子的实际生活相联系，可以从他平时可能出现的问题入手，然后再将我们的顾虑与担忧告诉孩子，让他明白我们只是在担心他，是对他的一种爱的表达，而并不是真的想要约束他。

第二，孩子对规矩的内容有怎样的看法？

尽管年龄小，但孩子也会有自己的意见，可以告诉他给他立了怎样的规矩，让他想想看自己是不是真的有那些不好的表现，问问他是不是愿意改掉自己的不好行为从而变得更好。如果孩子提出了自己的意见，刚好还是反对的意见，那么我们就要注意了，除了考虑孩子的说法，还要想想我们最初立的规矩是不是真的对孩子不合适。

第三，一定要坚持某些原则。

虽然我们要和孩子保持统一的认识，但是在一些原则性问题上我们不能退让，一旦决定就要坚持到底，而且还要帮孩子扭转错误的认知，使他也逐渐认识到这些原则的重要性。

第四，父母要先严格遵守这些规矩。

要让孩子做到，我们首先必须做到。我们做得好的时候，孩子自然也不会差到哪儿去。有的父母可能会因为自己是成年人，于是就很"狡猾"地变通了规矩，这样是绝对不行的，是什么就是什么，别给孩子留下一个"原来规矩也是可以改"的印象。如果我们违反了规矩，也不要用"我是你爸爸"或者"我是你妈妈"这样毫无说服力的话来狡辩，应该乖乖接受规矩中的惩罚。只有这样，孩子才会意识到规矩的重要性。

第五，如果孩子执意不认同规矩，妈妈也要保持冷静。

有些规矩势必会对孩子产生约束，比如，不能熬夜，不能在家里大吵大闹，等等。孩子会以自己的快乐感觉为优先，所以对于这些约束可能就会很强烈地反抗。但越是此时，我们才越要冷静，暴怒或者强迫并不能解决问题。我们平静地向孩子说明规矩的内容，并讲明白道理，接着就要认真执行这个规矩。如果孩子违反了就要真的惩罚他，这种安静状态下的威严，才是令孩子最终乖乖听话的重要条件。

第六，要做到"对事（行为）不对人"。

规矩约束的是孩子的某种行为，所以不要训斥孩子这个人。孩子的某些表现可能很顽劣，但我们针对的应该是他的行为，而不能直接就说他是个不省心的孩子，甚至说他是坏孩子。否则，这种"标签"一贴，孩子肯定会对所有的规矩都持否定态度。所以我们对孩子爱与信任不可丢，只是要用规矩纠正他的一些不良行为，明确了这一点，当孩子知道我们这么做是为了他好，他也就不会对规矩太过反感了。

第七，不要将所有希望都寄托到规矩上。

虽然规矩是在帮孩子走上更合理的生活、学习之路，但是我们不能说有了规矩就可以完全撒手不管了。立规矩的目的，是以后不用再立，是为了能让孩子养成好习惯。所以我们还是要积极培养孩子的能力，丰富他的知识，让他能慢慢改掉过去的坏习惯。而且，平时该表扬的也要表扬，该鼓励的一定不能少了鼓励，毕竟孩子进步才是我们最终想要看到的。

5. 给孩子立规矩，要考虑到他的能力

规矩是什么？是一种帮孩子养成好习惯的约定。从这样的关系来看，规矩应该是为孩子各方面的发展服务的。所以，正常来说，给孩子立规矩是要以孩子为中心，针对他的各种表现来确定的。

可是，现在很多家庭在立规矩时，却并不是以孩子为中心的，而是以我们的要求为中心的。根据自己的要求，我们就会给孩子定一个很高的标准，然后要求孩子必须做到或者绝对不能违越。

很多妈妈还曾设想过孩子若是遵守了所有规矩，那他就一定能表现优秀。但她们却完全没有注意到，孩子是不是愿意接受这样的规矩？他是不是有能力达到那些标准？

如果他没有足够的能力，那么这些规矩可能就只是一个让他仰望的东西。如果他做不到，我们就会不断地督促他，不断地给他施压，有时还会训斥他。执行规定就好像在受刑，孩子自然是感到难过，幸福感也就直线下降。

还有一种情况，孩子本身可能的确有某种能力，但是一些规矩却可能会阻碍他能力的发展。比如，原本孩子是有创造力的，但是我们的规矩是"不许在家搞破坏"，结果便总是阻止他在家里进行的各种"疑似破坏"的活动，最终他的创造力发展也就被限制住了。如此一来，规矩反倒成了影响孩子成长的罪魁祸首。

立规矩不是简单地给画镶框子，如果孩子是那幅漂亮的画，那么我们需要寻找适合其画风并适合整个墙面风格的框子，才能让这幅画的魅力显现出来。

第一，看看孩子的实际能力。

并不是所有妈妈都能那么清楚地知道自己的孩子到底有什么能力，因为我们关注的重点可能并不在那上面。更多的妈妈只关心孩子乖不乖，是不是

愿意学习，很多规矩立出来都与这些内容相关。

我们在给孩子立规矩时，就要好好观察一下孩子了，关注他已经具备的能力，看看他可能还会有哪方面的能力，要立适合他各项能力发展的规矩。

第二，多关注规矩对孩子的影响。

不是说经历了前面的考虑后，所有的规矩就都万无一失了。还需要密切关注孩子在规矩的影响下会有怎样的表现与反应，了解一下他对规矩的感觉。不要一上来就给孩子提出很高、很严格的要求，可以允许他将规矩慢慢内化，对于他最开始可能会破坏规矩的表现要宽容对待，看看是规矩不合适，还是孩子正处于适应期，要及时微调规矩以适应他的成长。

第三，将立规矩与培养能力结合。

如果孩子在某方面的能力还有所欠缺，则可以有针对性地立一下规矩，以帮助孩子提升能力。如果孩子做家务方面的能力不强，就可以给他立一下规矩，比如，每周一周三周五或周二周四周六的晚上，帮妈妈收拾碗筷、洗碗、拖地等。这件事，需要妈妈和孩子一起来完成，妈妈做示范指导，孩子跟着模仿。孩子既养成了遵守规矩的习惯，又在这个过程中提升了能力。如此，立规矩就与培养能力结合了起来。

说到底，家庭教育的根本不是技术性的问题，是生命影响生命，妈妈在前面走，带动孩子，孩子在后面学的过程。只要妈妈有心，孩子没有教不好的；只要妈妈肯好好做，孩子就会好好学；只要妈妈肯提升自己的生命质量，孩子就会拥有幸福美满的人生。

6. 孩子如果不守规矩，妈妈一定要保持冷静

即便我们在家里给孩子立了那么多规矩，但是在某些情况下，他依然会选择无视。

下篇
不吼不叫给孩子立规矩，也要讲究技巧

一位妈妈就为此非常苦恼：

我给孩子立的规矩是晚上9点就要睡觉，可是他执行起来却是如此困难，确切些说，他就从来没执行过这个规定！

孩子4岁了，正是调皮的时候，天天都精力旺盛，让他好好坐着他才不听，又玩又闹，有时候让人觉得烦。尤其是晚上，他就跟吃了兴奋剂一样，看动画片看好久，然后再玩玩具玩好久，接着又要听故事，我定的那个"9点"简直就是摆设。每当看着时钟跑向9点，我都会开始着急，有时候时间到了他还不上床，我都会给他两巴掌，然后硬把他按到床上。甚至有一次，我和他爸爸一起连训带骂最后再哄，这才让他上了床。

我承认我不冷静，可看看这个不守规矩的孩子，我又怎么能冷静得下来？

类似这位妈妈的不冷静，很多妈妈都会有。看到孩子不守规矩，有的妈妈不仅会大吼大叫，训斥他当下的行为，还会讽刺、诋毁孩子，说出"我怎么会有你这么个不听话的孩子""我真为你觉得羞耻"这样的话，有的甚至直接就骂了起来，"笨蛋""蠢货"一类的词句全都劈头盖脸地砸向孩子。而还有的妈妈，干脆就采取殴打等暴力手段去应对。

恨孩子不听话，这体现的是我们急躁的心情，但是再怎么急躁也不能有如此不冷静的表现，否则孩子会觉得我们根本就不是想用规矩来约束他，而是在用自己的所谓"权威"来压制他。而且，这些难听的话语也会伤害到孩子的内心，他会觉得我们对他已经厌倦了，他可能就会产生一种缺爱感。还有的孩子则会心生逆反，会对我们所立的那些规矩更加抵触，更加不愿意遵守。

其实在才几岁的孩子身上，不守规矩并不是什么大毛病，很多原因都可能导致他不守规矩。比如，他可能只是一时间玩得兴奋而忘记了，也可能只是想要继续探索自己想要知道的事情，或者也许是那个规矩真的不适合

他……不守规矩只不过是一个表象，如果我们只因为表象就去咆哮甚至发怒，孩子可能会对我们心生畏惧甚至是怨恨。

所以，当孩子不守规矩时，首先要不断提醒自己"一定要冷静"。也许他的行为真的很让我们受不了，那就先和他分开一段时间，暂时离开他一下，去做做别的事情，同时再想想该怎么对他说。等到冷静之后再去与孩子对话也不迟。

不过，有时候怒火并不那么容易控制得住，大发雷霆也许不可避免。若是真的发了火，过后应该给孩子道个歉，为自己用暴怒的态度使他受到惊吓而道歉。

在道歉时，不要找任何借口，也别加入任何的解释。比如，可以说："今天我对你发火了，很抱歉，对不起呀！"以表明自己突然对孩子发火的行为是不当的，所以道歉。千万不要在后面再加上什么"但是我发火也是有原因的，就是因为你不听话""但我这样做还不是为了你好"否则孩子也会认为我们不够诚心。比如，有的孩子可能会认为，妈妈根本不是在诚心诚意道歉，就只是为了再换个说法继续训斥自己一顿；还有的孩子会觉得这个道歉没什么意义，听起来妈妈也不像有错的。

所以，就算孩子不守规矩，但只要我们冷静地去处理，或者在发火过后及时道歉，道歉就是道歉，简单一些，纯粹一些，不附带其他的东西，孩子就能从我们的道歉中感受到真诚，也会进一步反思他不守规矩的行为，甚至不用我们去说教，他就会改正自己，下不为例。

7. 不要对孩子唠唠叨叨，喋喋不休

为了能保证孩子"笔直"地成长，我们会热衷于给他立各种各样的规矩，这些规矩就像小剪刀，会剪去孩子身上多余的"枝杈"。但孩子在成长，每时每刻都可能会被其他事情吸引注意力，没法时刻牢记规定，结果就会接

二连三地触犯规矩。

而这就给了我们一个唠叨的理由，"孩子嘛，哪能那么放心啊！要是不多说着点儿，他一准儿记不住！"于是我们就会不断地对孩子重复规矩的内容，以期让他能牢牢记住，并保证不触犯。但孩子对这样的唠叨又会有怎样的感受呢？

一个7岁的男孩就说："我不喜欢妈妈总在说我，她总是反复说我的错，我都已经记住了，我都已经在改了，她还是反复强调，真的是挺烦的。"

不仅如此，我们的唠叨居然还可以分出好多种类来，说教、指导、解释、哄劝、命令、祈求、强调、警告、审讯、倾诉……我们不断地用各种各样的声音来帮孩子巩固对规矩的印象。但是，如此多的声音，孩子真的有耐心去认真听吗？总是反复不断地说着同样的事，孩子会不会因为觉得烦而开始不再认真听，并转而去思考别的事？

规矩应该是被用来执行、遵守的，而不应该是被用来唠叨的。说得太多会让孩子对某些东西产生"审美疲劳"，他可能反而会不再重视我们原本希望他重视的东西。

所以，规矩如果立出来了，那就要给孩子一定的信任，相信他可以做好，就像前面所说的，要给他时间让他慢慢将规矩内化成自己的好习惯。

如果孩子的表现在我们看来并不算好，不如先试试沉默处理，用眼神或者表情提醒他，然后给他一段时间，让他自己去审视自己的行为。当然，在这之后我们也可以给他一些提示或指导，不过没必要大吼大叫。因为孩子比较小，说多了他也不一定都听得进去，所以简单地提示几句，言简意赅，让他能明了就够了。

在给孩子提示时，建议试用一下"耳语策略"，这样的悄悄话会让孩子的注意力更加集中，也能避免他不认真听我们的话。

8. 不要给孩子"清理战场"，让他自己来负责

很多妈妈都会帮孩子做事，尤其是在"打扫战场"这方面，我们似乎总是显得很积极。用有些妈妈的话来说就是："看着孩子弄不好就着急，见他弄得那一摊乱就看不下去，说他也不管用，还不如我直接上手来得快些。"

于是，可能并不是我们该做的很多事情，结果我们也替孩子做了。比如，帮他擦干净他弄脏的桌子，帮他把洗干净的衣服收好，帮他完成可能并不难的数学题。也许这些的确是孩子做不好的，但这也的确是他应该做的事情，我们的代劳只会让孩子变得懒惰。

此时，正是规矩发挥作用的重要时刻。要和他约定好，他自己做的事情，就要由他自己来做扫尾工作。无论是清理游戏空间，还是把没做完的事情做完，这些都是他自己的责任，要由他自己去负责，别人是不会插手的。如果他没有完成，那么那些"烂摊子"就会一直给他留着，直到他自己去彻底收拾好。

这个规矩对妈妈也是具有约束力的，那就是需要我们提醒自己，别对孩子太"好"，不该插手的事情别随便就插手。如果发现自己已经在帮孩子做事了，就一定要赶紧停手。

在面对孩子时，要分清什么事是可以帮忙的，什么事是最好不要插手的。比如，有些事情可能涉及要使用较为危险的成年人用的工具，比如锤子、钳子，那么我们就可以搭把手帮个忙，以免出现危险。但是，除了这种必须要我们动手的，其他的帮忙也只不过是给孩子一些启发，或者给他一些提升，剩下的大部分事情，还是要他自己去做。

如果家里立好了规矩，那么孩子应该在一个自由的环境中去遵守这些规矩。我们不需要过分关注，但也同样不能过分干涉。如果孩子因为表现不好破坏了规矩，我们可以批评，可以提醒，可以引导，但是在做过这些之后，

就要及时让开。这就是要给孩子一个信号，不管我们说了什么，都只是我们的意见，具体的各种操作都是该孩子自己负责的。

另外，也别总为孩子找借口，不管他有什么原因，该是他自己的责任都不能由别人替他承担。我们也要心肠硬一些，别因为孩子的央求就答应他什么事，尤其是在他觉得自己无法应付时的央求。有些责任让他去承担时他可能会觉得难为情，但不管怎么说这都是他自己的事情，别因为他的面子就要让我们替他去承担责任。

9. 教孩子学习餐桌礼仪，懂用餐规矩

吃饭，是人能生存下去的基本保证。但是，人在吃饭时的表现明显是与动物不同的，动物会丝毫不顾及其他，扑上去大口大口地吃，而人则需要安静地坐在餐桌旁，使用各种餐具来帮助进食。也就是说，人在吃饭时，会有一些用餐的规矩，有一些基本的餐桌礼仪。

孩子最初是不懂这些的，他对食物的需求简单而直接，想吃了就直接伸手去抓，坐在餐桌前面也会左右扭动。可是，他一方面对食物有需求，但另一方面却无法区分吃饭与玩耍的不同。所以，很多孩子的餐桌礼仪会非常糟糕。

对于这一点，不同的妈妈会有不同的看法。有的妈妈觉得这一点很重要，所以可能会对孩子很严格，"食不言""不敲碗"之类的要求会在餐桌上不断被提出来；而有的妈妈则恰恰相反，会觉得孩子吃个饭哪里还用得着这么拘束，小孩子就该活泼点。

结果，正是由于很多妈妈有后一种想法，在很多就餐的公共场合，我们便也就总是能看见许多孩子在餐桌间跑来跑去，拿着餐具当玩具，大声喧哗或者碰撞其他桌子……这样种种不礼貌的行为，不仅影响孩子自己的进餐，更是对周围同样吃饭的人的不尊重。大家对这样的孩子也会很反感，心里还

会抱怨孩子的父母没有好好教育孩子。

可见,孩子不懂餐桌礼仪,蒙羞的不仅仅是他自己,更是身为教育者的父母。孩子日后不会总在家里吃饭,他总要与外人一起用餐,所以该早早向他讲明白用餐的规矩,帮他在外人面前留下好印象。

第一,尽量和孩子一起就餐。

在孩子小的时候,我们可能不会和孩子一起吃饭。经常是先喂饱了他,然后任由他自己去玩,我们再开始吃。就算有时候可能会与孩子一起吃,也只是吃那么一两顿。其实这样的吃饭方式并不利于孩子学习餐桌礼仪,因为他可能会看不到餐桌上到底需要遵守哪些规矩。

所以,我们应该尽量与孩子一起就餐,吃饭的过程中,我们自己的举动会给孩子提供一个可参考的范本。而且,与孩子一起就餐,也能激发他学习的欲望,怎么用勺子、怎么用筷子,他会学得更快。

第二,规定合理的餐桌规范,并要认真实施。

不同年龄段的孩子可以理解的餐桌礼仪是不同的,我们应当根据孩子的年龄与理解能力,给他规定合理的餐桌规范。

比如,对于3岁左右的孩子,可以要求他自己抓着勺子把饭送进嘴里;对于4岁左右的孩子,则可以要求他必须使用自己的餐具并独立吃饭;对于五六岁的孩子,就要要求他好好把饭吃完,并且不能用袖子去擦嘴;等孩子再大一些,就要适当增加一些礼仪了,比如,吃饭不能多说话,不能发出奇怪的声音,不能在餐盘里挑来拣去,等等。

这些规范一旦定出来,就要提醒孩子认真执行,不要因为他年龄小就网开一面。在吃饭前,我们就要和孩子讲清楚,如果他没有遵守这些规定,他可能就会受到相应的惩罚。比如,为了防止孩子必须要人喂才能吃,我们要提前告诉他"如果你自己不好好吃饭,餐桌前就不会再有你的位置了"。如果孩子真的触犯了这个规定,就要真的惩罚他,真的让他离开餐桌。

第三，不要太早带孩子去人多的餐厅吃饭。

培养孩子的餐桌礼仪，大部分时间我们应该在家里进行，尤其是当孩子还小的时候，不建议带他去餐厅。想象一下，我们该如何让一个才两三岁的孩子在那么多人面前去遵守那么多的餐厅规则？他一定会因为人多或者时间过长而出现各种状况。而且餐厅有些食物也并不一定是孩子爱吃的，他可能也会因此而闹脾气。

所以，如果条件允许，最好不要带孩子出席人太多的宴会。当然，平时我们可能也需要外出就餐，这时要尽量找有儿童专区的餐厅，可以帮助他释放过多的精力。

而如果真的需要带孩子出外就餐，那么我们就要提前和他约定好，比如，提醒孩子"不要四处乱跑""不要大声喧哗"，同时还要告诉他，"如果你让他人感到厌烦了，那么我们就会立刻离开，不管那里有多少好吃的，下次我们都不会再去了"。

第四，关于"第一筷子菜先夹给谁"的问题。

这个问题不仅仅是一种餐桌礼仪或规矩，还蕴含着很大的教育智慧。

有个男孩非常尊敬长辈，懂得和小朋友们分享，是一个懂事的孩子。在教育他的时候，妈妈懂得教育孩子要趁早的道理，并从小事开始抓起。

比如，在饭桌上，爷爷、奶奶、爸爸、妈妈、孩子五口人一起吃饭。一般的家庭在吃菜的时候，长辈们都急着把最好吃的夹给孩子。而这个家庭不是这样的，这第一筷子一定是夹给爷爷或奶奶，然后父母互相夹给对方，最后是给孩子。吃水果时，礼让顺序也是先长辈，最后是孩子。其他方面的生活细节也是如此，久而久之，孩子自然而然就学会要礼让长辈了。

可在生活中，这么有智慧的家庭确实不太多。很多父母和老人都有这样的观念：孩子还小，所以要优先照顾他，处处以他为中心。一般来说，父母都会把第一口菜夹给孩子，而爷爷奶奶也不甘示弱，争着给孙辈们夹菜。这样的情景经常会发生在我们的生活中。

我们不要小看这些细节，如果长辈们都把这"第一筷子"菜夹给孩子了，孩子在吃饭时就会形成以自我为中心的观念，只管自己吃好菜。其他方面也是如此，如果什么都以孩子为中心，孩子会慢慢变得自私起来，那么"小皇帝""小公主"就诞生了。

所以，我们一定要注重生活细节，遵循"先长辈，后孩子"的礼让顺序，将好习惯示范给孩子看。长此以往，我们不用说教，孩子也会明白先人后己的道理。

孔子曾说，"弃老而取幼，家之不祥"。吃饭也是如此，一定要尊老爱幼，尊老放在前面，爱幼放在后面。第一筷子菜，一定要先夹给长辈，夹对了，就是教育的智慧！

第十章
孩子需要规矩，也需要"强势"的管教

对于立规矩这件事，有的妈妈会寄予极高的期望，认为只要有了规矩，那么孩子应该就能学会自我管理。但这样想，显然是有点乐观了，因为孩子没有那么强的自控力，不能很彻底地遵守规矩。所以，立规矩是必要的，但规矩不是万能的，孩子还需要"强势"的管教。

1. 用"积极"的管教取代"消极"的管教

所谓"消极"的管教，就是指我们总是用"不行""不可以""不能""不许"等类似的字眼来阻止孩子的某些行动，以达到让他乖乖听话的目的。但是，如果管教总是消极的，本身就是在破坏孩子的幸福感。想想看，如果孩子在做事的时候总是碰见"不"这个字，他将会多么沮丧！

一位妈妈讲了这样一件事：

一天打扫卫生时，我翻出了曾经刻录的一张光盘，里面记录的是我们一大家子人在过年那几天里的一些活动。最开始看的时候我还觉得挺有意思的，不管是成年人还是孩子，大家都玩得很开心。但看着看着我就发现问题了，因为我的眼睛总会不自觉地去找4岁女儿的身影。

结果，我发现伴随在她身边的，除了有别人的欢笑声，还有我那没完没了的说教，"别没正形地坐着""不要抢哥哥的东西""不许自己先吃""你不能动那些东西""不可以去烦姥姥"……

每次女儿听见我这样说，都会皱眉、噘嘴，有时候还会揉揉衣服角。我忽然觉得自己那几天真是"烦人透了"，我不确定女儿在那几天是不是很开心，尤其是和我在一起的时候。

当时管教的时候，我们会觉得自己很正确，但静下心来看看的话，就连自己都会觉得这些管教太消极了。这种不断否定的消极态度，别说是孩子，就算是成年人，如果总是被提醒"不能这样""不许那样"的话，也不会开心。

有些家庭中的规矩，也充满了各种消极的否定，"不能这样""不能那样"之类的要求比比皆是，孩子面对这样一种规矩，能积极地去遵守可能也不太现实。

几岁的孩子正是渴望受到鼓励、夸奖、肯定的时候，过多的否定可能会让他与我们产生矛盾甚至争执。若是遇上脾气倔一些的孩子，他可能还会反抗、违逆，那以后对他的教育岂不是更加困难？

所以，别总用消极的管教来试图让孩子体验威严，温柔一些会有更好的教育效果。

第一，不要总把注意力放在孩子的错误上。

几岁的孩子本来就不可能把所有事都做到最好，所以对他的错误不妨宽容一些看待。而且，孩子身上不可能只有错误，多看看他表现得好的地方，可以通过鼓励他的好来帮他改掉一些毛病。

所以，不要总盯着他的错误，也别总是提醒他"不要"，帮他找到"要"怎样，多关注怎么帮他改掉错误才是有效的教育。

第二，对孩子多一些纯粹的积极评价。

对孩子的积极管教，要对他过去的良好表现多一些肯定与表扬，这样的评价要纯粹，别加入"但是"。也就是说，要给予孩子积极的评价，那就要给出完整的积极评价，不要加入任何的挑剔。

比如，孩子早上可以自己刷牙洗脸穿衣服，却从来不梳理头发。对这件事，我们就不能说"你自己刷牙洗脸穿衣服这很好，但怎么能不梳头呢"，而是要换成"我真高兴看到你能自己刷牙洗脸穿衣服，如果还能自己梳头就更好了"。

相较于前一种说法，后一种说法从始至终对孩子都是一种积极的肯定，其中也包括了对他能做到而目前还没做的事情的肯定，相信孩子会很乐意把事情做完、做好。

第三，多用鼓励来给孩子建立积极的生活环境。

有些积极的评价不一定是我们去夸奖孩子，鼓励他发现自己的能力也同样属于积极的管教范围。

比如，孩子有拖拉的习惯，那么我们可以试着这样说："嘿，晚饭前这点时间很不错哦，试试把你没画完的画完成吧，然后我们家的餐厅就能多一幅装饰画了，你觉得呢？"一句话的推动，也许就会鼓励孩子将一些不情愿的事情变成他愿意主动去做的事情。

2. 要敢于拒绝孩子的不合理要求

孩子在成长过程中会有各种各样的要求，有的要求是合理且必需的，比如，孩子对爱的需求，对陪伴的需求，对于这样的要求要尽可能地予以满足。但是某些情况下，孩子会想当然地提出一些不合理的要求，这时我们就要注意了。

大概在两三岁的时候，孩子会开始提出各种不合理的要求。比如，强烈表示不想睡觉，非要让爸爸妈妈跟他做游戏；对于超市里的某些东西有强烈的渴望，不买不行，一旦被拒绝就哭闹；不愿意吃正常的饭菜，非要吃甜食或洋快餐；等等。

这样的要求当然不会为我们所接受，但是只要反对声一起，孩子立刻就委屈连连。有的孩子会不断地重复自己的要求，软磨硬泡；有的则直接使出最强"武器"——眼泪，然后采取哭闹攻势，以求达到自己的目的；还有的会"曲线救国"，见求我们不成，就会转而去求爷爷奶奶、姥姥姥爷，也许他的目的就能达成。

孩子可能以为，只要他的要求都得到了满足，他就幸福了。但事实并非如此，不合理的要求代表着他不正确的认知与想法，假如得不到纠正，那么他日后就会因此而受到伤害。比如，有人可能会利用他那些不合理要求，借助满足要求而强迫他做他不想做的事。到那时，他的幸福也就荡然无存了。

对于这一点，很多妈妈心知肚明，却依然对孩子的不合理要求没有好的应对方法。因为如果不答应，他可能会无休止地闹下去，而且还可能会有老人们加入帮腔的战团，对我们进行劝说、要求甚至命令。所以大部分情况下，孩子的不合理要求可能都会得到满足，但我们却不一定是心甘情愿地满足他的。

很多妈妈会疑惑，孩子有时候为什么会这么任性？这其中有孩子自己的原因，当然也有我们的原因。

正在成长的孩子缺乏足够的认识与判断能力，只会从自己感觉舒服与否出发，所以他对要求是否合理是没有明确判断能力的。

而我们一方面觉得孩子小、不懂事，有些事情上会迁就他；另一方面也会心存侥幸，觉得偶尔满足他一下也没什么，特别是在他表现好的时候，为了奖励他一下，顺着他的意思答应他的某个不合理要求也就顺理成章。不仅如此，有时候孩子的哭闹也会得到我们的纵容，结果导致孩子习惯性地认为，他想要怎样就能怎样，如果实现不了自己的目的，只要哭闹就可以了。

太过任性并不利于孩子良好个性的养成，而且，总是被纵容的孩子，将来也很容易变得脾气暴躁。此时，妈妈可以用规矩来约束孩子想要不断提要求的心，以此来限定他的不合理要求。

第一，在孩子的各种要求面前，收起软心肠。

提要求的孩子总是会表现出一副可怜巴巴的样子、一种很期待获得满足的表情。很多妈妈在这样的表情面前，抵抗力几乎为零，因为这时她们的心肠会不自觉地软下来。而孩子就会抓住这样的软心肠，进而继续发动"攻势"。

对孩子，不是不可以心软，但是不能总是心软。尤其是在他的各种要求面前，最初要好好确定这些要求是不是可以答应。只有合理的要求，软心肠才能"上阵"，而且还要尽量满足这些要求；对于不合理的要求，就一定要"咬紧牙关"。

第二，坚定而温柔地拒绝孩子的不合理要求。

要拒绝孩子的要求，并不是简单地说"不行"就算完了。从情感上来说，孩子对从我们口中说出的那个"不"字会有很强烈的情绪反应。他不喜欢我们否定他，所以他才会不断地与我们"磨"，或者干脆用哭闹来示威。

所以，在拒绝孩子的时候，我们可以温柔一些。先告诉孩子"不行"，然后再耐心地对他解释为什么不行，要将他的要求的不合理性讲清楚。假如他因此而哭闹，我们最初可以劝说，但如若他依旧哭闹，那就试着让他冷静一下，这也是在提醒他，哭闹是不管用的。

不过，对于才几岁的孩子来说，道理他可能听不大懂，或者他会故意地表现出任性，那么我们不妨也试试给他一些小惩罚。

比如，孩子非要吃糖果，就是不吃饭，那么我们可以告诉他，"今天的糖果你已经吃过了，要吃等明天，现在你需要吃饭"。假如他不听从，那就继续告诉他，"不吃，我就会拿走你的饭"。如果他依旧不听，那就真的拿走他的饭，孩子偶尔饿一顿是不会有什么事的，所以别那么小心翼翼，当他知道饿的滋味之后，也许就不会在吃饭还是吃糖这个问题上这么任性了。

第三，用彼此约定来给彼此约束。

其实要避免孩子的不合理要求，约定是一个很有效的方法，我们可以确立一些合适的家庭规则，比如，孩子每天只能吃一次糖，一次只能吃两块；一天只能看半个小时电视；不能不吃青菜；等等。这些规则订立出来之后，我们要和他一起遵守，帮他逐渐认识到怎样的要求才是被允许的，使他学会主动回避或不再提出不合理的要求。

3. 骂孩子并不是管教，只是发泄情绪

骂孩子是很多妈妈"管教"孩子的惯用方式。因为孩子的某些问题真的是让人很生气，不骂已经不足以解气了。最初我们可能只是气愤不已，不住地数落，可是越数落越生气，接着就会开始骂，骂着骂着就会发现自己的气越发难以控制，再然后就不得不下手了。

骂孩子的时候我们是觉得恨铁不成钢，会觉得这下孩子就能印象深刻了。当逐渐恢复平静之后，看着孩子委屈的模样，看着他哭肿的眼睛，我们的心疼之情又会难以抑制。

仔细分析这样的一系列过程，其实这根本就不是在管教孩子，似乎只是我们在发泄情绪。而孩子受到了怒吼的惊吓，虽然知道为什么被骂，但他不一定能记得去改正，因为他印象深刻的可能只是我们那因为愤怒而扭曲的表情，那一句句难以忍受的粗暴的话语。也就是说，到头来，孩子的问题依然没有解决。

今天，有太多的孩子每天都在遭受妈妈的呵斥、吼骂，很痛苦。虽然孩子们小心翼翼，但总逃脱不了被骂的命运。也许，在一些妈妈看来，呵斥孩子才能显示出自己的威严，骂孩子就是在教育孩子。其实，这完全错了，骂孩子只能表明自己很无能，因为不知道该怎样教育你的孩子。

分析一下，为什么做妈妈的会骂孩子呢？有这样几个原因。

第一，妈妈在做孩子的时候，就是被妈妈骂的，在妈妈的骂声下长大，做妈妈后可能就会再骂孩子。可是，20年前与20年后的呵斥、吼骂效果却大不相同。20年前或更久一点时间之前，也就是今天的妈妈在做孩子时，那时妈妈的呵斥是很管用的。妈妈一拉脸、一呵斥，做孩子的保证乖乖的，不敢反抗，因为妈妈有威严。妈妈为家庭付出很多，孩子们都看在眼里。可是今天，我们的呵斥却没有什么太大的效果，因为孩子没有把妈妈的付出放在眼里，没有感受到妈妈的辛苦。所以，他自然也就不听妈妈的呵斥。尽管表面上听了，但内心是不服气的。正如《弟子规》中所说："势服人，心不然。"所以，今天的妈妈不要再去骂孩子了。

第二，有的妈妈看到别的妈妈也在这样做——骂孩子，还把这个当"经验"来交流，所以相互影响。其实，做妈妈的应该学习好的、有效的教育方法，而不要去学那些不科学的方法，那注定是无效的，甚至会起反作用。

第三，有的妈妈除了骂孩子、呵斥孩子，好像就说不出个一二三来了，所以就只能骂、呵斥。即使能说出个一二三，也只是说说而已的大道理，因为妈妈自己也没有做到。自己做不到，怎能要求孩子？所以，只有正己，才能化人。妈妈自己做对了，孩子自然就做对了。还是妈妈的榜样示范力量大。这一点毋庸置疑。

做妈妈的，要有自己的主见，不受他人、不受环境所左右，内心深处永远有一个衡量是非善恶的标准。只有这样，我们才不会做出错误的判断，才不会做出让自己后悔的行为来。

教育孩子，也是一样的道理。不要人云亦云，别人的经验不能"拿来主义"，要针对自己的孩子，总结出最有效的教育方法来。

不要再对孩子大吼大叫、呵斥、骂，这些都不是对孩子的管教，而是情绪的发泄，也是无能的表现！

4. 对孩子爱在左管教在右，到底能不能"惩戒"

有一次，某自媒体的同行在做一期教育视频，主题跟"打孩子"有关。同行通过电话问我一个问题：孩子到底能不能"打"。

对于"打"这个说法，我是不太认同的。因为一提到"打"，就难免会跟暴力、情绪发泄、失去理性、拿孩子出气等联系在一起。所以，当孩子犯了错，需要管教时（特别强调：孩子需要管教，但他不需要挨打；孩子会认同管教，但不认同被打），不要说"妈妈要打你了"，而是应该说，"妈妈要管教你了""你要接受惩戒"。

我们知道，今天讲求平等，所以很多妈妈在教育孩子的时候，总是强调顺应、接纳，强调尊重，"惩戒"的方法用得比较少。在我看来，"顺应""接纳""尊重""平等"地对待孩子是必不可少的，但是真的爱孩子还要用心去管教。

也就是说，对孩子我们肯定要有爱，但也要有管教，管教也是爱的一种表达方式。而管教的表现形式之一就是"惩戒"。

关于"惩戒"孩子这件事，经过慎重思考，我把看法详列如下：

（1）什么时候惩戒？这要看孩子的年龄，一两岁的孩子最好不要惩戒，要慎用，因为很多时候，那是他在探索这个世界。3岁以后可以适当地惩戒。

（2）惩戒≠武力，惩戒≠暴力。"教"字的小篆体，是右边手拿小木棍，代表对孩子的适度惩戒；也表明惩戒要借助一定的工具，而不是直接用手打孩子，因为我们经常会伸手抚摸孩子，拥抱孩子，所以手是用来爱孩子的。不然，我们一伸手、一挠头，孩子以为又要挨打，就会害怕，甚至哆嗦，那就不好了。

（3）惩戒孩子，要适度，不能对孩子的身体造成伤害。比如，可以拍打屁股、手心，而不能扇耳光、拍脑袋。

（4）不能随便惩戒。要事先跟孩子有约定，"如果做得不好，或者屡次犯同样的错误，妈妈就要管教你了"，而不是上来就不问青红皂白地打孩子一顿。所以说，要事先跟孩子有沟通，不要让他以后仅仅记住了惩戒这件事本身，还要让他知道为什么会受惩戒，并做出总结反思。

（5）不能让孩子感觉惩戒他是妈妈的一种情绪发泄。也就是说，惩戒孩子的时候妈妈不能失控，要情绪平和，要有理性。有的妈妈心情好的时候孩子怎样做都行，心情不好的时候抓起来就打，这样是非常错误的，我们的反复无常会让孩子感到无所适从，这样对待孩子会让他的心灵受到折磨和伤害，不但起不到教育的效果，还会有反效果。

（6）不能"秋后算账"，不能"新账旧账"一起"打"。

（7）"惩戒"不是最终的目的，而是一种管教的方法，或者说是一种教育的手段，是要让孩子敬畏规矩，而不是让他怕妈妈。

（8）"惩戒"是手段，目的是为了不惩戒。惩戒是为了让孩子自动自发，无论是做人、做事还是学习，都能够自动自发。

（9）不用担心"惩戒"带给孩子的负面效果。一个孩子只要是生活在一个时时处处充满爱的家庭里，他就不会对一次应该承受的惩戒产生怨恨，该阳光还是阳光，该快乐依旧快乐！

（10）最为关键的是，妈妈要给孩子做个好榜样，自己做对、做正，给孩子以感化、感染。事实上，最好的教育是人格感染，是让孩子接受好的熏陶，如此，教育就变成了一件简单的事了。

（11）"惩戒"这个动作在孩子上小学后应该逐渐减少，青春期时，就应该停止了。因为青春期的孩子，非常希望别人把他当成人来看，如果这个时候还要被责打，他们会认为是一种耻辱，所以可能会更不听从管教。

（12）"惩戒"对少数孩子可能不管用。个别性格比较刚烈的孩子，可能会因为体罚反而更加叛逆和难以管教；以前受过虐待的孩子也会非常排斥爱的管教；对非常敏感的孩子也要区别对待……总之，惩戒不是万能的，要因人因事而异。

（13）如果跟孩子讲一些道理就能讲通，孩子就改正的话，就没有必要再用惩戒的手段了。

（14）对于一些不适用惩戒手段的孩子，可以换其他的惩戒方式，比如，让他自己去面壁或静坐反省、剥夺他一段看电视、上网的时间……

（15）当然，惩戒也不是无原则的，而是讲求智慧与方法的。惩戒只是手段，最终要达到的目的只有一个，就是让孩子养成良好的行为习惯，让他知对错，有自我约束的能力。

希望这些文字，能引起我们的一点反思。还是那句话，一味地顺应孩子是对孩子的一种伤害。等我们不想顺应他而想教育他时，就为时已晚了。

5. 不要对孩子说"最后一次警告你！"

"不许再……了！我最后一次警告你！如果你再不听话，我就……"在教育孩子的过程中，我们可能都会使用到这个类似于"最后通牒"一样的警告，其实意图很简单，就是为了让孩子能尽快听话。有些妈妈还会将这样的"最后通牒"写进规矩里。可是，看似强硬的一句话，其起到的效果却不一定如我们所愿。

因为我们总是无法做到"最后一次"，这样的"最后通牒"总是会频繁出现在我们的话语内容之中。既然我们说了"最后一次",可为什么却总是无法真正做到最后一次呢?实际上,这正是我们教育不得法所导致的。

正因为孩子对我们的教育充耳不闻,或者说有所反抗,所以我们才不得不屡次使用"最后通牒"。孩子的反抗与我们的威胁成了相互对立的竞争关系,我们其实只是在用"最后一次"的说法来发泄自己的愤怒,但孩子明显没有得到任何教育。

所以,有智慧的妈妈会摒弃这种"华而不实"的教育方法,那么应该怎样应对呢?

看见孩子出了问题,我们的脾气也许会立刻暴起,不过没关系,这很正常,但要提防的是,不要让怒气爆棚,并对着孩子猛烈地发泄出来。生气的时候,可以暂时不用说话,一个眼神,一个严肃的表情,一个摇头或者摆手的动作,其实就能让孩子有所领悟。

如果孩子继续闹,并没有接收到我们发给他的"生气信息",那么就要提醒他一句,语气可以严厉一些,要明确告诉他为什么他的行为不能被接受,比如,他的行为影响到了其他人,或者违反了家中的某些原则,等等。

在表达这些时,我们不要带出责骂来,只是陈述事实,只是告诉孩子他哪里做得不好,而不能诋毁孩子。要避免"你不是好孩子"这样的话,不要因为某一件事就彻底否定孩子这个人。

其实规矩在此时是很管用的,可以和孩子约定好,"如果你总是犯这样的错,那么你就要受到惩罚",具体的惩罚内容也一定要写出来,而且一定要执行。这样依靠提前就定好的规矩去约束孩子,要好过我们不断地用"最后一次"来警告。

当然,一番责备或者惩罚之后,最重要的还是要有引导,如果孩子不能那么做,那么怎么做才是正确的?这一点一定要明确告诉他。同样也可以用家中的规定来给他进行解释,或者用我们的行为来给他举正面的例子,让他自己改掉自己不受欢迎的表现。

我们要学会与孩子"斗智斗勇"，别像个孩子一样，只会用生气与发怒来显示自己所谓的权威。越是有智慧地去应对孩子的各种问题，孩子才会越听从我们的教导，他的问题才会越容易得到改善与解决。

6. 不要让怒气控制我们，要学会掌控情绪

怒气是一种会蒙蔽人思想的东西，怒气上来时，人的眼睛可能就会看不到其他的所有，只会把发怒对象的种种不好不断放大。不仅如此，生气的人还会不断地进行想象，酝酿各种训斥说辞，从而进一步将自己的怒气推向"高潮"。

所以，不能掌控情绪的人，最终就会完全被怒气牵着走，接下来就可能会做出各种令自己遗憾和后悔的冲动行为。

这也刚好印证了那句话："冲动是魔鬼。"人本该是情绪的主人，千万不要让情绪拿到了我们整个人的控制权。

当我们对孩子发怒时，他将不再关心他自己，而是会将注意力完全放在我们的情绪上。我们任何一种暴怒的表现，对他来说也都将是一种触及内心的惊吓。最开始他可能会觉得恐惧不已，但之后他就会有所衡量，如果他发现只要自己一犯错我们不过就只是一番暴怒，那他就会判断出我们其实并没有什么好的对策，他会觉得我们是在威胁、强迫他，甚至是在侵犯他的权利。这样确认之后，他也许就会慢慢地对我们的发怒毫无感觉，而我们也会在他面前失去尊严。同时，在耳濡目染之下，他也将学会用暴怒来解决各种问题。

如此说来，我们的发怒对孩子并没有任何好的教育效果，有的只是一系列的负面影响。想想看，如果我们的家庭总是在不断地争吵，总是有情绪爆

发，温馨又何在？又怎么去培养孩子的良好性格？如此一来，孩子的幸福感当然也就荡然无存。

所以，别那么容易就让怒气牵着鼻子走，在孩子面前，我们要维持有智慧的妈妈的良好形象。

第一，请全身心去爱自己的孩子。

身为妈妈，我们为什么会对孩子发怒？有的妈妈会回答，因为他表现不好。那么换个问题，我们爱孩子吗？相信所有妈妈都会回答"当然爱"。但是，再想想看，我们到底爱孩子的什么？如果他有不良表现，我们还爱吗？

到这时，也许有的妈妈就会开始犹豫了。没错，很多妈妈对孩子的喜欢，仅停留在孩子表现好的时候，一旦他表现不好了，我们内心似乎就会冒出一种嫌恶感。也许这只是一种自然的心理反应，但是很多妈妈却并不承认，一边嫌恶孩子，一边还为自己找着借口，比如，有的妈妈可能就会说"没人会喜欢他那个样子，太讨厌了"。

别这样，孩子的一切都是我们赋予的，尽管他会有自己的个性，但实际上这也与我们的培养不无关系。所以别把孩子"拆开"去爱，不管他表现好坏，我们都应该全身心地去爱他，有了爱，这种嫌恶感就会有所减弱。

第二，要记得尽早给孩子一些约束。

有些妈妈总是觉得孩子不服管教。小时候就不服管教，等孩子到了青春期之后，我们可能会觉得更加恐慌。这其实就是因为在他小时候我们没有给他一个系统的约束，任由他随着自己的意愿折腾。而我们却还误以为这是孩子爱玩的天性，结果时间久了，孩子的坏习惯已然养成，再想让他改已经很难了。当我们发现问题想要提醒他时，他会觉得这和他以前所经历的不一样，因此他就会反抗，而面对反抗，我们的坏情绪骤起也就不足为奇了。

所以，不要等着孩子已经不好管教的时候才着急，要在一开始就给他立好规矩，用规矩来约束他，让他的行为能在良好的规则引导下去发展。其实想想看，既然家里已经有了规矩，那么我们又何必总被怒气控制呢？越早立好规矩，孩子也就能越早规范自己的行为。

第三，学会"以不变应万变"。

要解决孩子存在的问题，其实最为有效的方法，恰恰就是"以不变应万变"，我们不变的情绪才是处理所有问题的制胜法宝。不管面对孩子的什么问题，我们都要保持一种冷静的心理状态，千万别轻易就让自己的坏情绪表现出来，要具备强大的自控力，压制住想要怒吼的心情。

人其实是能控制情绪的，只要想去控制，就没有办不到的。之所以不能控制，还是因为自己随着自己的情绪走，或者是被自己的毛病习气牵着走，不想做出改变。因为改变有点难，需要努力；而顺着坏情绪、坏习气则很容易，不需要费力。但是为了孩子，为了家庭，也为了自己，改一改，变一变，别再冲孩子大吼大叫，难道不是一件非常超值的事吗？甚至可以说，这是一件"功在当下，利在三代"的事！加油吧！祝福你！

7. 纠正孩子的行为偏差，不要以为"树大自然直"

树大自然直，这是很多妈妈在教育孩子时的一种认知，认为孩子小时候就该自由一些，用不着什么都给他说得那么清楚，等他长大了接触的事情多了，有些道理自然就会明白了。

这其实不过是我们的一种希望罢了，我们希望孩子能变成那样，事实上很多道理如果我们不说，孩子永远都不明白。孩子会依据自己对世界的判断去行事，比如，他可能很小的时候就会养成坏习惯，但他自己并不知道那个习惯是有问题的，如果我们再不多加注意，那么日后我们的认知与孩子的习惯就会产生尖锐的矛盾。不仅如此，他的某些坏习惯还可能成为他与周围人交往时的障碍。

所以，树大若是不修剪，照样不会直，而若是想让他直，就要在其小时候尽早纠正他的行为偏差。这就是前面我们曾经提到过的"尽早给孩子一些约束"，立一些适合他成长的规矩，来帮助他向正常的方向成长。

不过，在订立这些规矩之前，要先摸清他行为出现偏差的原因。

孩子出生之后，他本身是一片空白的，所以他需要向周围学习来建立自己的行为习惯。当然，不排除有的孩子可能天生在某些方面就会有些问题，但是就绝大多数的孩子来说，当他出现问题时，最先考虑的应该是"我们是不是做错什么了呢"。也就是说，如果孩子有问题，如果他的行为出现了偏差，那么我们首先应该从自己身上去找问题。

比如，如果我们没有给孩子足够多的关爱，那么他两三岁的时候就会很容易出现故意搞破坏、捣乱，或者突然就大声哭闹的情况。表面看好像是他在故意瞎闹，但其实这只是他想要吸引我们的注意。他感觉不到我们对他的关爱，而此时的他又不可能有其他的方法，只能施展孩子气的"捣乱神功"。也许在他的思想里会认为：如果我这样闹一闹，至少爸爸妈妈会回头看我，他们也许还会过来关注我。

还比如，再大一些的孩子可能会很懒惰，或者经常大发脾气，顶撞父母老师，欺负其他弱小的同学。那么我们就要考虑是不是我们平时对他太过宠溺，是不是对他包办代替太多，让他误以为自己已经具备了各种决定权。只要周围有一丁点不合心意，他就会生气，哪怕是他的长辈，只要没让他高兴，他也敢去顶撞。这时的孩子，他的内心需求总是不满足的，所以他才会出现这种无理取闹的表现。

很显然，孩子的这些表现其根本原因都不在他，我们在教养过程中的稍微一点偏差，都有可能让孩子也走上偏差的道路。如果这时我们还去期待什么树大自然直，这简直就是在拿孩子的未来开玩笑。

所以，如果发现孩子出现了偏差行为，那么我们先别去训斥孩子，先反思自己才是最重要的。而这段时间里，我们要给孩子和自己足够的时间，让孩子多感受我们给予他的温暖，而我们自己则要抓紧时间捋顺自己的问题，为未来的改变做好一切准备。

知道了原因之后，就要探究纠正这些偏差的好方法了，这些方法可以用立规矩的方式表现出来。

比如，可以跟孩子立好规矩，有什么问题、想法或心里话，及时表达出来，而不能看上去"无缘无故"就突然哭起来、闹起来，否则我们会不理他。

这个规矩的意思就是，孩子不能随便哭闹、喊叫、撒泼打滚，对于这些我们可以无视。但是这种无视不是彻底不理会，而是"有关注的无视"，也就是在保证孩子、他人及其他物品安全的前提下，任由他随便闹。当他发现我们对他的胡闹没有什么反应时，他也许就会安静下来。尤其是在他哭闹的时候，不要觉得他有多可怜，只要能判定他是在用哭来吸引我们的注意，那就可以不用理他，没一会儿他自己自然就会停下来。在这之后，可以再向他强调一遍规矩的内容，以防止他下次再犯。

但是，若是孩子有了好的行为，也要遵照规矩及时给他肯定与赞美，并鼓励他继续发扬，给他一定的自信心。这样一来，孩子就会在内心建立起正向的努力方向，并逐渐有能力约束自己。不过，赞美的话不用多，也不用很夸张，只要如实描述出孩子的行为，对其表示肯定，并说上一两句有针对性的而不是泛泛的表扬话语就可以了。

8. 对孩子少点无效的命令，多点实际的指导

"听话""再闹就揍你""不许捣乱"……随着孩子一天天长大，我们对他的耐心似乎也在一点点消磨光，于是就会从一开始的和风细雨、不厌其

烦，变成不自觉地发出如上的各种命令。命令的目的是想让孩子不要有不好的表现，是想让他能如我们所希望的那样变得乖巧起来。但事实上，对于这些命令，孩子往往都是一脸茫然的。

比如"听话"，听什么话？为什么要听话？刚才自己哪里不听话了？听了话会怎样？如果一直不听又会怎样？对于这仅有两个字的命令，孩子是不明了的。他不确定到底该听什么，可看着我们一脸严肃甚至是有些生气地对他吼出这样的两个字来，他就会恐惧，而他的行为却依然可能维持原样，甚至更加不知道该怎么做。

而"再闹就揍你"，凭什么？哪里闹了？怎么就算闹？揍人是被允许的吗？孩子的思维虽然简单，但在很多问题面前，他也会有自己的疑惑。

至于说"不许捣乱"，为什么不许？自己捣乱了吗？到底怎么办才不会被骂？孩子如此迷茫，我们却依旧命令连连。我们和孩子的思维压根儿就没在一个频道上，我们说我们的，他思考他的，这样的教育怎么会见效果呢？

所以，对孩子，尤其是对年龄尚小的孩子，多一些更为实际可行的指导，才会让他明白自己的行为正确与否。明确地指出来他的问题，要比那些无效的命令管用得多。

可什么才是实际的指导呢？肯定不是长篇大论，因为年龄小的孩子是听不懂的，更不愿意听。所以明确地告诉孩子做什么、不能做什么，这才是实际的指导。而这些指导，就可以用规矩的形式表现出来。因为规矩的内容都很短，而且一条一条地列出，一目了然。

在指导孩子时，最好站在孩子的角度，给他讲讲规矩的内容，要体会他到底想要知道什么，这样就能更有效地指导孩子该如何做。而规矩中使用的语言要亲和而坚定，不容置疑，不容讨价还价（可以允许孩子提出自己的看法，但不允许他试探性地提出降低要求、随意地狡辩、打马虎眼、顾左右而言他等），但不要有警告和讽刺，要把握好这个度，要知道，指导意在让孩子能平和地接受这些规矩。

比如，孩子不好好吃饭，总想着去看动画片，我们就可以这样说："宝宝认真吃饭才不会挨饿，还有几口就吃完了，妈妈和你约好，等吃饱了就和你一起看动画片。"这样的指导很具体，而且还向他传达了一个信息，那就是我们会和他在一起。孩子在想过之后，很可能就会按照我们所说的去做。

当然，对于向来任性惯了的孩子，这样的说法可能作用不会很大。那么在此过程中，就要坚持原则，不要因为他的哭闹而屈服。这样，他就会慢慢知道我们所坚持的他难以动摇。而接下来，我们依旧用亲和而坚定的话语提醒他，他很可能就会乐于接受我们的建议。

对于年龄较大的孩子，虽然规矩不同，但原则还是一致的，就是前面提到的，亲和而坚定，不容置疑，不容讨价还价。

第十一章
给孩子立规矩,表扬与批评一个都不能少

之所以会给孩子立规矩,就是为了纠正他的某些错误或不良行为。在规矩中可能会明确类似"如果完不成、做不好,就要如何如何"这样的说法,这意味着批评甚至惩罚。而如果孩子真的做到了呢?是不是该给他一些表扬?其实立规矩,表扬与批评一个都不能少。

1. 孩子有很多优点,期待你去发现

要说批评孩子,几乎所有的妈妈总是能在孩子身上挑出各种各样的毛病,都能说出一套又一套的内容来,而且几乎都不重样。似乎在我们眼中,孩子就是个问题集合体。我们的眼睛总是能发现毛病,因此在规矩的内容中,我们一定都会加入很多"如果没做好,就要接受惩罚"一类的说明。

但若说要表扬孩子,很多妈妈都会有些犯难,比如,有的妈妈会说:"我当然也想表扬孩子啦,可是我家那调皮鬼哪里有值得表扬的地方啊?每天都闹得让人心烦,一个没看住他,他可能就会惹祸!"还有的妈妈会说:"人家的孩子看着都那么乖,就我们这个,怎么看都觉得不如人家,干点啥

都不行!"

因为自认为找不到孩子的优点,所以我们便主动放弃了表扬,规矩中更是不会提及表扬的内容。其实孩子又何其无辜,他的一切表现都是顺其自然的,都是他成长的一个过程。明明有优点却被视而不见,孩子接收到的全都是批评和惩罚,他怎么能感到幸福呢?

这里我们首先应该考虑一个问题,什么是优点?难道只有孩子做了好事,或者有了什么特别大的努力才能算是优点吗?当然不是!孩子的优点隐藏在他生活中的方方面面,我们不能只看到孩子是否取得了一些成绩,而是要看他在不知不觉中所散发出来的闪光点。

所以,我们应该换种方式去看待孩子。

第一,用积极的心态去看待孩子的表现。

先举一个很简单的例子。

有一个游戏,要求孩子把10个小球都准确地放进一个小筐里,各种原因之下,孩子做得并不完美,他只放进去了5个小球,剩下的5个全弄丢了。

面对这样的结果,我们会怎么办?

可能有很多妈妈会觉得,孩子怎么这么笨?10个居然才放进去一半?连这么简单的题目都完成不了吗?

这样的想法没错,但是不觉得这太消极了吗?孩子不是放进去了5个吗?而且按照要求完成了一半的任务,这不也是很好吗?为什么不从这已有的好结果去考虑,而非要去想他的不完美呢?

别总是用一种否定的态度去看孩子,别担心太多为什么他没有做到完美,多看看他已经拿到的结果,表扬他已经取得的成绩,用这种表扬来帮他建立自信,这算是对孩子成长有利的评价。

第二,要看到孩子每一步的闪光之处。

还用前面提到的那个放小球的例子。孩子虽然弄丢了5个小球，可是放进去的那5个，他是不是用到了巧妙的方法？比如，他是不是有可能两只手同时把两个球放进去？这就是一个进步，这就是一个动脑思考的表现。既然如此，那我们是不是该表扬他一下呢？

也就是说，即使孩子取得的整体结果并不能令人满意，但是他每一步的努力中也可能有值得肯定的地方，我们该尽量找到他做得好的地方给予表扬，这样孩子会更愿意努力。

第三，多注意孩子已表现出来的行为。

年龄小的孩子做什么事都不会很有常性，需要我们不断地提醒。比如，让孩子收拾玩具，可能他今天收拾了，但明天就忘记了。遇到这种情况，我们要保持冷静。如果他没收拾，别急着训斥；如果他收拾了，一定要及时表扬。也就是说，假如孩子没收拾玩具，多提醒他几句，但不要上来就说"你怎么又没收拾玩具"，这样的话会让孩子觉得自己又犯了错误。相反，假如一看见孩子收拾了玩具就夸奖他，那么他会知道自己收拾的行为是正确的，日后他会乐于主动去做出同样的行为。

第四，给孩子积极的、有效的期待。

对孩子有所期待是人之常情，但我们的期待却经常超出了孩子的能力范围，于是便变成了无效的期待。其实孩子做不到某些事是很正常的，我们可以这样来想："啊，没事，做不到也是可以理解的，毕竟还小嘛。"这样一想，我们也就不会太失望了。

但孩子会进步，日后如果某天他偶尔做到了，我们这时的想法就该是"这不是做到了吗"，到这时候再去期待孩子的表现就会更舒服了。这时要及时表扬孩子，这样的肯定会让他更乐于寻找自己做到时的感觉，日后他的成功次数会越来越多。

2. 表扬要具体充分，注意语气，切忌"上瘾"

有的妈妈吝啬表扬，有的妈妈则会频繁使用表扬，但是有些表扬用得却并不正确。很多妈妈在表扬孩子时总是用一种很笼统的说法，比如，"你是个好孩子""做得不错""表现很棒"等。孩子最初是乐于听见这样的表扬的，因为没有孩子会拒绝夸奖。可是久而久之，如果我们每次都用类似的话去表扬他，那么就不要指望这样的"表扬"能给他更多的鼓励了。因为孩子会逐渐意识到，这样的表扬里没有他想要的东西，比如，为什么好？为什么不错？棒在哪里？妈妈的表扬是真的吗？为什么每次都说得差不多？怎么感觉像是随便说的呢？难道不是敷衍吗？他会有很多类似的疑惑。

有些妈妈虽然用的是不正确的表扬，但还是会对表扬孩子"上瘾"。结果，孩子在这种没有太多意义的表扬下要么变得骄傲，要么变得茫然，要么变得满不在乎，结果表扬的目的被完全扭曲了。那怎样表扬孩子呢？这就需要我们多花一些心思了。

第一，表扬的内容，一定要具体。

为了什么而表扬孩子，他到底哪个方面值得表扬，都要表述清楚。比如，孩子某天在玩完玩具之后，很认真地将玩具都收拾好了，那么我们就可以这样表扬他："今天表现不错，很认真地把玩具都收拾起来了，做得很好！"这样的表扬，夸奖的就是孩子收拾玩具这个行为，让他知道玩过了玩具之后认真收好是一个可以继续发扬的行为。

第二，避免表扬孩子"聪明"。

每一次表扬都要记得把我们表扬的内容说明白，但是要避免出现"聪明"这样的表扬。要多看到他的努力，多看到他的付出，多看到他行为的过程，别把这些他天生就有的特质当成表扬的对象，以免让他产生不必要的骄傲感。

第三，注意表扬孩子时的语气。

表扬孩子也要注意语气。表扬不是哄孩子开心，所以不能为了让孩子高兴才做出夸张的表情，说出夸张的语言；表扬孩子也不是无意义的敷衍，不能为了让孩子知道我们是在表扬他而随意说出一两句表扬之词，否则孩子会感觉我们毫无诚意。

表扬的语气一定要诚恳，要发自内心地去夸奖孩子，从内心去认可他的表现，并且一定要实事求是。表扬的时候最好面带微笑，如果有令我们感到惊讶的表现时，也不要吝啬我们的表情，要让孩子看到我们为他而感到骄傲的样子，这也会让他更加肯定自己的行为。

第四，要戒掉表扬孩子的瘾。

表扬孩子也会上瘾，这在很多妈妈听来可能很是不可思议，但这却是一个事实。尤其是在外人面前，有的妈妈就会控制不住地想要表扬孩子，好让自己在别人面前不会失了面子。但我们的这种表现似乎并不全是以孩子为出发点的，通过表扬孩子，我们似乎也能让其他人对自己刮目相看，感到自己脸上也有光。

可是，这样频繁的表扬对孩子来说可能会有两种截然不同的影响。一种是会导致孩子背上沉重的压力，不得不为了实现我们所说的表扬内容而强迫自己努力，从而产生疲劳感；而另一种则会导致孩子变得骄傲起来，使他误以为自己不管做什么都是最好的，反而再也不努力，这就和我们表扬的初衷背道而驰了。

所以，表扬孩子要恰到好处。孩子第一次表现某种正确的行为是最值得表扬的，之后再有同样的表现，可以肯定，可以鼓励，就不要总是大肆表扬了。另外，在外人面前我们也要收敛一些，公正谦虚的表达才能换来他人对我们及孩子的尊重。

3. 批评时，看着孩子的眼睛，语言简短

表扬孩子的时候需要真诚，批评他时也同样如此。这个真诚不是说我们需要表达出"真的在批评"这个意思来，而是说我们批评的态度要真诚。批评可以有，但其重点应该是通过批评让孩子意识到自己的问题并积极去改正。

可是，现在很多妈妈对孩子的批评就像是在发泄自己的一腔怒火。有的妈妈可能会居高临下地看着孩子，一边数落一边偶尔动手戳一下他的脑袋或者推一下他的肩膀；有的妈妈则可能一边干着自己手里的活儿，一边却还在批评着孩子。不仅如此，我们对孩子的批评常常是絮絮叨叨，没完没了，有的妈妈甚至会车轱辘话反复说，到最后我们很累，孩子也累，而且还没有什么效果。

一位妈妈就曾这样说：

我承认我是那种爱唠叨的妈妈，不过我要是不经常说着点，孩子什么都记不住。

但有一天，我发现我说多了似乎他也没怎么记住。那天我给他收拾屋子，又开始说起来，让他不要把东西四处乱扔。我一边整理一边说，满以为他会好好坐在一旁听着，哪知道当我不经意间看向他时，他居然在翻小画书，就仿佛我在说废话。

我当时生气极了，一把抢过他的书，不停地训着，结果孩子低着头，一直都没看我，谁知道他小脑袋里又想什么了。唉！怎么感觉这么小的孩子就不虚心呢？

这其实并不是孩子不虚心，正是妈妈采取了不恰当的批评方式，才让他对这样的批评毫不重视。批评也能在规矩中有所体现，比如，如果孩子做得不好或者做错了，那他就要受到一定的批评。但怎么表达批评才能让孩子从

中受益，就需要我们好好考虑了。一般来说，应该注意这样几个重点。

第一，要让孩子停下他正在做的事情。

很多妈妈的批评总喜欢搞突然袭击，孩子正在做某件事的时候，我们的批评可能就突然而至了。对于有些孩子来说，他的注意力可能正在高度集中，所以如果我们只顾着自己说，自以为孩子会听见，但他可能并没有真的在听。

因此，要批评孩子时，一定要让他停下手里的事情，让他的注意力从别处拉回来，这样更有利于我们接下来的批评。

第二，用严厉但真诚的目光对视孩子。

如前所说，很多妈妈批评孩子时是居高临下的，或者是根本没有看着孩子的。但我们不看着孩子，就不会知道他是不是真的把那个批评听进去了，也不会了解他对批评的反应。

批评也是一种沟通，同样需要我们蹲下来，看着孩子的眼睛，认真地将我们想要表达的内容传达给他。只有这样做，孩子才会知道我们为什么而生气，并知道他哪些方面做得不对或者不够好，这样他对自己的问题才会有深刻的印象。

第三，语言一定要简短，要言简意赅。

给孩子的批评最忌讳长篇大论，特别是年龄较小的孩子，他注意力能集中的时间很短。所以，要把我们想要表达的意思，用最简短的话语说出来，其中应该包括规矩的内容是怎样的，他的错误举动违反了怎样的内容，我们的态度是什么，我们的建议又是什么。几句话，让孩子能理解，这就足够了。

4. 批评的是孩子的行为而不是他的人格

如前所说，批评在规矩中也会有所体现。可是，在批评孩子时，很多妈妈会倾向于选择较为严重一些的话语，有的话甚至会伤及孩子的人格。倒不是说对孩子有多么的不满，我们的目的可能只是为了让孩子能意识到问题的严重性，意识到他没有遵守规矩会有多么严重的后果，并希望他能重视起来，并迅速改正。

但是，这样一来，孩子不仅会对我们的批评反感，甚至还会对规矩的内容也产生怀疑与厌恶。他会觉得这个规矩就是我们批评他的原因，如果没有这个规矩，他就不会受到这样难受的批评了。这就造成了孩子日后对该项规矩的抵触。

伤及孩子人格的批评，势必会影响他幸福感的获得。因为孩子对自我的认定都来自于他人对自己的看法，如果我们直接就批评了他的人格，那么他也会认定自己就不是个好孩子，在这种难过的心情之下，他的感觉还会与幸福沾边吗？当然不会了！

虽然批评是一种教育手段，但是只有有智慧的批评才能让孩子受益。

第一，批评孩子时的表达要有分寸。

当我们正在气头上时，说出来的话可能很容易就会过头，从而伤到孩子。这就要求我们一定要控制好自己的情绪，少说或者尽量不说气头上的、没有分寸的话。如果觉得自己没办法好好表达，那就先不说，等着心情稍微平和一些之后，再选择合适的语言去表达。

第二，要时刻带有尊重孩子的心。

尽管说孩子犯了错误之后，理应受到批评和责备，但是这时的孩子也是有人格的。不能说他犯了错，就立刻变得一无是处了。自始至终，不管发生了什么事，我们对孩子的尊重都不应有所改变。

所以即使是批判孩子，都要牢记一个原则——尊重孩子的人格。话语出口前多想想，尽量选择不会伤到孩子内心的话语。有的妈妈对此不以为然，认为自己的孩子，自己怎么说都不为过。其实不然，孩子的内心敏感而脆弱，如果他感到内心受到了伤害，他也可能会选择与我们疏远，甚至在他长大后还可能会用我们的表达方式来对待他自己的孩子。

第三，关注孩子面临的那个事实。

其实我们之所以会说出伤害孩子人格的话来，就是因为我们对这件事的思考顺序有些问题。很多妈妈看见孩子出了问题，思考顺序大都是"孩子有问题，所以做事才会不好"。但实际上孩子那边的发展顺序却可能是"这件事对我来说很陌生，我不熟悉，我不会，所以才出了问题"。

如果我们总觉得孩子有问题，那么我们自然就会去诋毁他的人格。所以，换一种思考方式吧，从孩子面对的事情入手，去关注他面临的那个事实，减少我们对孩子自身的批评。

5. 说明批评孩子的理由，让他知道为什么挨批评

有的妈妈批评孩子时会长篇大论，但是仔细听一听，却发现里面其实并没有多少有用的信息。孩子接收到的可能只是我们那没完没了的怒意。

批评不是我们发泄怒气的通道。尽管规矩内容里允许我们在孩子做得不好的时候去批评他，可是批评一定要有道理，这样的批评才是有意义的，孩子才能从中知道自己到底哪里出了问题，到底怎样做才能不再受批评，才是正确的做法。

而且，理由不充分的批评会让孩子很不服气，他也一定不会心甘情愿地接受这个批评。到时候他若是赌气做出什么来以示反抗，那我们再管教起来就更不容易了。

有的妈妈觉得孩子还小，只要让他知道他错了就够了，哪里还用得着什么批评的理由呢？其实不然，简单的道理孩子都会懂，那些规矩内容他也能看明白，只有给他讲清楚，他才会知道自己具体该怎么改正。

所以，批评孩子一定要有理有据，即便是很小的孩子，也是需要用道理来进行教育的。

第一，我们自己要认识到为什么批评孩子。

要让孩子认清自己的问题，我们首先就要认识清楚。但目前情况却是，很多妈妈自己可能都不知道孩子哪里有问题，只是觉得他做得不好就去批评他，这显然就是一种盲目的批评。

所以，我们应该具备一双慧眼，善于发现孩子的问题，并且能准确地描述问题，还要找到问题的根源。当我们对孩子的问题了如指掌时，才能给他最贴切的指导，到那时我们说出来的批评，也就自然能让孩子明白他到底哪里出了问题。

第二，直接而温和地告诉孩子为什么批评他。

对小孩子的批评，最忌讳拐弯抹角，如果孩子听不懂我们的批评，那到最后只能是我们自己白白闹情绪，孩子却依旧没什么改变。所以，倒不如直接给孩子讲个明白，哪里错了就是哪里错了，但是语气要温和，别过于严厉，否则也会吓着孩子。可以告诉他"你不应该那样做，因为……"，这样孩子才会注意听我们说的话，并能主动接受指导。

第三，不要总是揪着孩子的问题不放。

虽然我们需要让孩子知道批评的理由，但不能总是揪着这些问题不放，一遍就够了，不要说起来没完没了，反复强调对小孩子并没有太大的作用。还是那句话，孩子能集中注意力的时间很短，他可能只会记住我们最初说的那些话。所以，即便是批评，也只要言简意赅地说一遍，并且说清楚就可以了，切勿拖拖拉拉、反反复复、唠唠叨叨、没完没了。

6. 把"不能做……"改为"要这样做……"

在批评孩子的时候，很多妈妈习惯于使用"你不能……"，认为用这样的话就可以对孩子起到一种重点提示的作用。事实也的确如此，年龄小一些的孩子都会重视妈妈的话，而且大多都会言听计从，所以他可能的确会听从

"不能"的教诲，然后真的止住了自己的行为。但是接下来，他却会陷入疑惑之中："不能做这些的话，那我到底要怎么做呢？"

其实我们说的"不能"只能算是一段话的前半部分，而且只是起到提醒作用的一部分，我们所说话的重点应该是后半部分，是要告诉孩子"能"怎么做，应该怎么做。

这就是在提醒我们，在立规矩时，内容中最好少一些"不能"的内容，最好把所有内容都尽可能地表述成"要……去做"。这样不仅能让孩子对规矩的具体内容一目了然，也便于我们监督孩子的遵守情况。而且，肯定式的说法会让孩子和我们都心情愉快，孩子会明确自己该怎么做，我们也能轻松许多。

下面这两位妈妈的做法也许会给我们一些提示。

上幼儿园的孩子早上准备去幼儿园了，两位妈妈都在提醒他们好好整理书包。

第一位妈妈说："别那么随便把东西都堆在书包里，忘了什么都不知道。千万别丢三落四的，少带了什么回头我还得给你送，多麻烦啊！"

第二位妈妈说："出门前，好好检查一下你的小书包，想想今天都要带什么，一样一样地检查一下，看看是不是摆放整齐了，这样才会把东西都带全。带全了东西，咱就高高兴兴地去上学，妈妈相信在幼儿园你一天都会开开心心、顺顺利利的！"

同样的一件事，一个是在否定孩子的做法，一个却是在教孩子整理，很明显后面那个孩子落下东西的可能性比较小，但前一个孩子就不好说了。

对于前一个孩子来说，他也许会觉得自己做的很多事情都是有问题的，而且妈妈只告诉他"别丢三落四"，可"丢三落四"是什么？如果孩子不明白，他就不知道该怎么做。

与其如此，我们不如直截了当地告诉孩子"要怎么做"。

对于两三岁的孩子,这种"要怎么做"的说法应该尽量直接,和颜悦色地提示就足够了。比如,孩子总是在家里四处乱跑,我们就不要说"别到处跑,跌倒了又该哭了",而是可以和他约定好,"在家里要好好地走才不会跌倒"。

前一种说法明显像是一种警告,孩子都有好奇心和探险欲,他若是想着"我就跑,看能不能跌倒",那么我们的提示就是无效的。而后一种说法是一种关心,孩子也会感受到这份爱,他会更乐于接受我们的建议。

而当孩子到了四五岁时,我们除了要告诉孩子做某些事的具体方法,还可以试着引导他有所思考。比如,还用不在家乱跑这件事来说,我们完全可以这样问:"你觉得怎样才不会跌倒、不会撞疼呢?"这样就会引导孩子自己去思考,他可能会自己意识到他应该怎么做,而由他自己发现的答案,就会比我们告诉他的要更容易记住。

另外,有时候孩子的某些行为可能会妨碍到我们,比如,正在打电话时,孩子却在一旁吵闹。这时有的妈妈一时着急,可能就会转头吼道:"闭嘴!别吵了!"如此一来,孩子当时可能会被吓一跳,也许会停下来,但可能不一会儿就又开始了,而有的孩子可能干脆就立刻被吓哭了。

所以,遇到这种情况,我们就要有智慧地应对。可以先对电话那头的对方说一句"请稍等",然后捂住话筒,转身提醒孩子:"在妈妈打电话的时候,你要小声一些,这样就不会影响到妈妈了,知道了吗?"这就是一个很明确的指示,孩子也会更乐于听从。

7. 批评孩子时的主语是"我"而不是"你"

有这样一个场景:

一个孩子在幼儿园和别的小朋友打了一架,放学时,老师及时把情况反映给了他的妈妈。妈妈当时就有些生气，在和老师保证回家要好好管教之后，便拉着孩子怒气冲冲地回了家。

刚一进家，妈妈就把孩子推到了墙角，并厉声训斥道："你怎么就这么不让人省心？为什么要跟别的小朋友打架？你是有暴力倾向吗？说过多少次了你就是不听话，我看你就是欠揍了！小心你爸爸回来揍你！"

孩子很委屈，但也很不服气，可看着妈妈凶巴巴的样子，他又不敢过多言语，想想一会儿妈妈还要再告诉爸爸，他觉得更害怕了。

这位妈妈使用了大量的第二人称"你"，语气就显得颇为严厉，这就会让孩子觉得很不舒服。因为"你"显得很尖锐，虽然是要和孩子说明问题，但如此直白地将孩子的问题指出来，才几岁的孩子会难以承受。

而且，从前面那个孩子的反应来看，因为他对妈妈这种满是"你"的指责感到很不舒服，所以他已经无暇顾及自己到底哪里不对了。

其实类似这样的采用"你"作为主语的批评，很多妈妈并没有在意。尤其是在孩子没有遵守规矩时的批评中，这样用"你"做主语的批评会很常见。比如，"你怎么又没有遵守规矩，你是上次受惩罚没够吗？"这样一种批评语言一出，孩子的行为就被彻底否定了。在这样的情绪下，他对规矩也会心生厌恶，对这个批评当然也就更加不会心甘情愿地接受了。若是长时间接受这种尖锐的批评，孩子的情绪会变得暴躁，幸福感也就无从谈起了。

由此可见，批评孩子时用怎样的主语，也会影响批评的最终效果。所以，不妨试试换一个主语，使用"我"来开头，也许会有意想不到的效果。

还是以上面孩子在幼儿园打架的事为例，妈妈如果这样说："我很担心你这样子，如果和别人打架受了伤，妈妈会很心疼。你用这样的方式来解决问题，我感到很难过。"那么，孩子听到的就是妈妈的各种感受，而孩子都是敏感的，对于我们的感受他也会有感觉，这时他可能就会重新审视自己，也会思考自己的行为是不是真的让妈妈担心了，而妈妈感到难过，为什么难过？自己哪里做得有问题了？如此一来，他就更有可能改正自己的错误。

而且，使用"我"这个主语，会让孩子感受到我们对他的关心。孩子是善良的，他不希望看到我们不愉快的表情，而他从内心来说，也是希望自己能做得好一些的。所以，用"我"开头，更便于我们接下来的指导，因为体会到了关心，孩子将可能会更认真地听取我们所说的话。

当然，使用"我"做主语，也需要注意一点，那就是别变了话语的味道。"我就是看不惯你这样子""我讨厌你的这种行为"，类似这样的话如果说出口，孩子一样也会受到伤害。因为这样的话具有太过强烈的主观性，我们的情绪同样会影响孩子的判断，一旦他误认为我们不喜欢他了，那么他内心受到的伤害可能会更大。

8. 批评孩子时，一定不要"翻旧账"

关于批评，还有一个问题是需要我们注意的，那就是不要"翻旧账"。说到这儿，有的妈妈可能会无奈地笑，是啊，哪个孩子能没"旧账"？哪个孩子不是问题一大堆？

没错，孩子的问题的确是很多，可他也是在不断成长的，过去犯了错误，但现在没准儿就改掉了；也许过去做不好，但现在的确表现不错。如果孩子都已经不再犯过去的错误了，那么我们现在再提及它们还有什么意义？

有的妈妈甚至还会将这些内容列入规矩中，比如，"不能再犯过去的错误，否则就如何如何"。其实这样的规矩是没有意义的，反而会招致孩子的不满，因为谁也不愿意总被提及过去的问题，即便是批评，他也不愿意听。

可能有的妈妈会反驳说:"孩子就是记吃不记打的,不老说着点儿,他肯定转眼就忘,谁知道他明天会不会又犯以前的错误呢?"

是这样吗?有多少妈妈会发现7岁的孩子还在犯3岁孩子的错误呢?恐怕没多少吧!所以,这些提醒显然是没有太大必要的。

不仅如此,我们要批评孩子,专注的应该是当下的事情,这样也有助于孩子将注意力集中到这件事情上来。如果我们翻了很多"旧账"出来,如果再有孩子很不愿意提及的糗事,那么他的注意力可能就会完全转移,而我们批评的内容也将不得不转移,那么批评的初衷也就变了。

比如,孩子因为乱丢玩具而把屋子里弄得乱糟糟的,我们原本该批评的是他不物归原处的做法。但是,有的妈妈却可能在批评的同时又发现其他问题,比如孩子把玩具弄坏了,于是就会批评他不爱惜物品;然后又开始说他就是个"破坏王",什么都能弄坏,就是让人不省心;再然后可能又会跳到另外一个话题上去,"你连吃饭都不让人省心",便又开始数落孩子不好好吃饭;再接着也许就又是不按时睡觉,看太多电视,等等。结果到最终,可能连我们自己都忘记了一开始是为什么而批评孩子了,孩子也只是一头雾水地听着,而他接收到的最主要信息就只有一个"他不是好孩子"。

显然,这样一遍一遍地翻孩子的"旧账",只会让孩子总停留在过去,看不到自己的进步与成长。

所以,对于孩子的过去,能翻过去的就要翻过去。具体的规矩中也要多提及新鲜的东西,要多提及能让孩子学到新技能的东西。过去的错误,只要孩子改掉了,就用不着再多操心了,给他一个最起码的信任,能让他感到开心与兴奋。

而对于孩子当下出现的问题,如果要批评他,就一定要确定当下的主题,然后根据这个主题再去展开,不要偏移主题,不要远离主题。要将重点放在眼前的问题上,告诉他哪里做得不好或者不对,提醒他怎么做才是正确的，必要的时候还要给他做个示范，以保证下次他不再犯。

而当我们结束了关于眼前这件事的批评之后，就不要再多说了。确切些说，当我们结束了这次的批评，那么这件事也就可以翻过去了，剩下的就该是其他的事情了。我们应该确保孩子每一次只面对一个问题，改正一个错误，以此来保证他的每一次进步。